그린이 **김용연**
초등학교에서 아이들을 가르치고 있습니다. 한겨레 일러스트레이션학교에서 공부를 하면서 그림을 그리기 시작했습니다. 머릿속으로 궁리한 것들을 옮겨낸 그림을 보고 어린이들이 즐거워할 때 가장 보람을 느낍니다.
그린 책으로는 《좋은 엄마 학원》 《신통방통 왕집중》 《행복한 수학 초등학교》 《흰지팡이 여행》 등이 있습니다.

이어령의
춤추는
생각 학교 ❹
너 정말 우리말 아니?

첫판 1쇄 펴낸날 2009년 1월 10일
35쇄 펴낸날 2024년 10월 10일

지은이 이어령 **그린이** 김용연
발행인 조한나
주니어 본부장 박창희
편집 박진홍 정예림 강민영
디자인 전윤정 김혜은
마케팅 김인진
회계 양여진 김주연
인쇄 효성프린원 **제본** 정민문화사

펴낸곳 (주)도서출판 푸른숲
출판등록 2003년 12월 17일 제2003-000032호
주소 경기도 파주시 심학산로 10, 우편번호 10881
전화 031) 955-9010 **팩스** 031) 955-9009
인스타그램 @psoopjr **이메일** psoopjr@prunsoop.co.kr
홈페이지 www.prunsoop.co.kr **제조국** 대한민국

Text copyright ⓒ이어령, 2009
Illustrations copyright ⓒ김용연, 2009

ISBN 978-89-7184-625-4 74710
     978-89-7184-621-6 (세트)

* 잘못된 책은 구입하신 서점에서 바꾸어 드립니다.
* KC 마크는 이 제품이 공통안전기준에 적합하였음을 의미합니다.
* 던지거나 떨어뜨려 다치지 않도록 주의하세요.
* 이 책 내용의 전부 또는 일부를 재사용하려면 저작권자와 푸른숲주니어의 동의를 받아야 합니다.

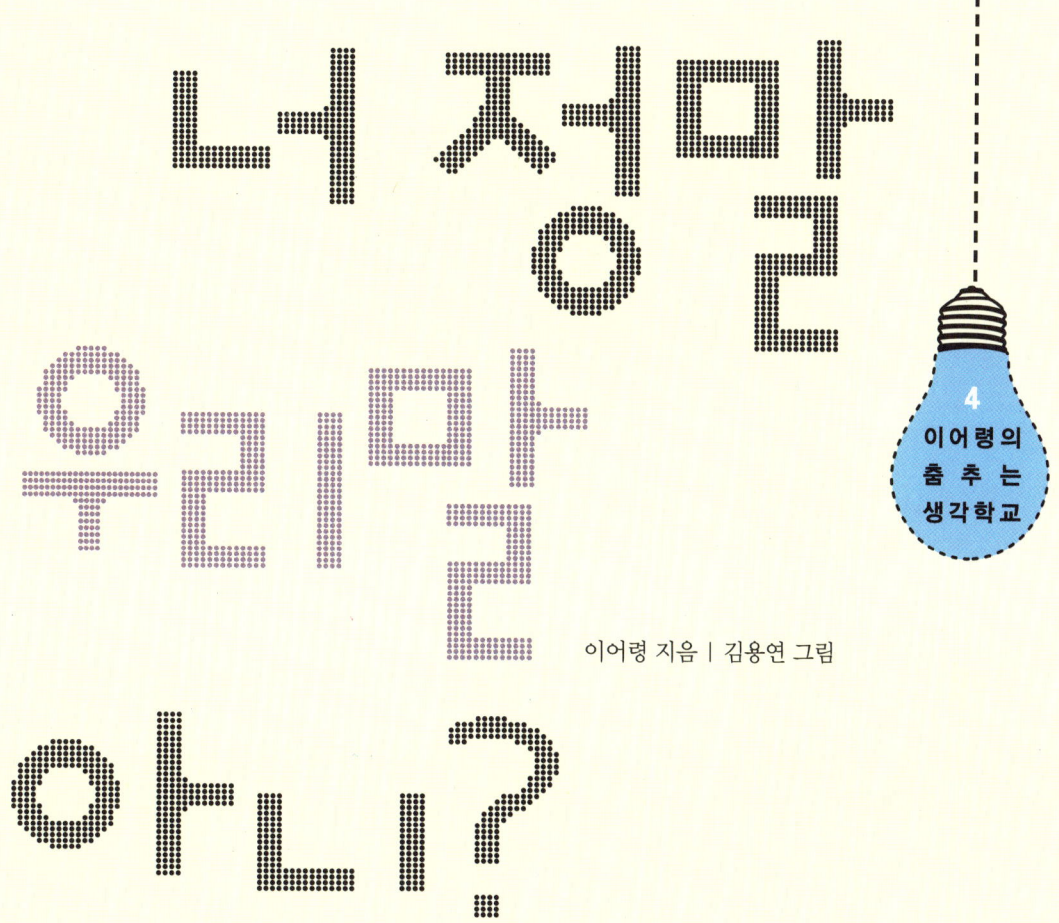

너 정말 우리말 아니?

4
이어령의
춤추는
생각학교

이어령 지음 | 김용연 그림

푸른숲주니어

글쓴이의 말

춤추는 생각 학교에 온 걸 환영한다!

이 책은 '나의 꿈, 나의 생각을 창조하는 마법의 춤 교실'이란다.

자유롭게 세상을 보려면
마음과 생각을 춤추게 해야 해.
걸음은 어떤 목적이 있어서 발을 옮기는 일이지만
춤은 즐겁고 신나서 몸이 저절로 움직이는 거야.

시험 기계란 말이 있잖아?
점수를 잘 받으려고 남이 가르쳐 준 대로
달달 외우기만 하면 재미도 없고
빠르게 변하는 세상을 따라갈 수도 없어.

생각을 춤추게 하라.
그리고 춤추듯 살아라.
삶은 즐겁고 아름다운 것이란다.

2009년 1월 이어령

| 차례 |

앞마당

너 정말 한국말 아니? 8

첫 번째 마당

발 없는 말을 타 보자

알타이 산맥을 따라 생겨난 말 가족 12
살아 움직이는 말 18

두 번째 마당

말은 생각이 사는 집

말 속에 담긴 또 다른 말의 세계 26
어떤 말 집이 좋을까 30

세 번째 마당

말의 뿌리를 알면 우리말이 보인다

한 뿌리에서 나온 여러 가지 말 38
말이 만들어 내는 빛깔 44

네 번째 마당

소리가 살아 있는 우리말

뻐꾹뻐꾹 뻐꾸기, 개굴개굴 개구리 52

다섯 번째 마당

토씨 하나가 세상을 바꾼다

'아' 다르고 '어' 다른 우리말 62

여섯 번째 마당

널리 사람을 섬기는 말

'사람 살려'와 '헬프 미'의 차이 72
너는 무엇이 '되고' 싶니 78

일곱 번째 마당

자연과 시간의 순리를 담아

철들었네? 철들었네! 84
시간은 무엇으로 보고 만질 수 있을까 90

여덟 번째 마당

사람의 마음을 움직이는 말

무서운 말, '어쨌든' 96
소중한 말, '좌우지간' 102

아홉 번째 마당

되살려야 할 아름다운 우리말

하늬바람 아름 품은
돛단배가 감실감실 110

뒷마당

나를 나답게 지키고 가꾸는 말 116

책 속의 책

우리말 생각 사전 119

앞마당

너 정말
한국말 아니?

한국 사람이면 누구나 다 한국말을 할 줄 안다고 믿고 있지. 만약 한국 사람보고 "한국말 할 줄 알아?"하고 물으면 기분 나빠 싸우려고 덤빌 거야.

그러나 한국 사람이면 다 한국말을 안다고 믿는 것은 커다란 착각이야. 죽을 때까지 배워도 우리는 한국말을 완전히 다 배울 수가 없어. 틀린 말을 쓰거나 사투리를 쓴대서가 아니야. 한국말 가운데 과연 어떤 말이 아름다운지, 어떤 말이 더 점잖은지 다 알 수가 없기 때문이지.

제2차 세계 대전 때 영국 수상이었던 처칠 알지? 처칠은 정치가이면서도 제2차 세계 대전의 회고록을 써서 노벨 문학상까지 받은 사람이야. 책에 담긴 내용만이 아니라 참으로 아름답고 정확한 영어로 자기 생각을 표현했기 때문에, 뛰어난 문학가에게나 주는 문학상을 받은 거지.

어떻게 해서 처칠은 영어를 남달리 잘할 수 있었을까. 처칠은 학생 시절에 낙제를 해서 영어 과정을 두 번이나 듣게 되었대. 그때 남들보다 영어 공부를 더 많이 할 수 있었던 거지. 남들은 자기 나라 말을 다 안다고 생각해서 열심히 공부하지 않았지만, 처칠은 정말 열심히 영어 공부를 했어. 그것이 바탕이 되어, 수상을 맡았을 때에 "내가 국민을 위해 바칠 수 있는 것은 피와 눈물과 땀뿐이다."라는 명연설로 전쟁을 승리로 이끌 수가 있었지. 그 연설 한마디가 전쟁의 어려움 속에 있던 영국 국민들에게 희망과 믿음을 주었기 때문이야.

프랑스 사람들은 딸을 키워 시집보낼 때 살림 밑천이 아니라 아름다운 프랑스 말을 가르쳐 보낸다는 말이 있어. 자기 나라 말은 배우지 않아도 다 안다는 섣부른 생각 때문에 우리는 올바른 한국말, 아름다운 한국말, 품위 있는 한국말을 배울 기회를 놓치고 마는 것은 아닐까. 말을 들어 보면 그 사람이 어디에서 교육을 받고, 어떤 집안에서 태어나 자랐는지를 금세 알 수가 있어.

말이라는 게 자기 뜻을 표현하는 도구로만 쓰이는 건 아니야. 말 속에는 한 집단과 나라와 민족의 문화와 사상이 담겨 있고, 말을 통해서 우리는 선조들의 혼을 배우게 되지. 어찌 생각하면 말은 핏줄만큼이나 굳고 단단하게 우리를 한 공동체로 묶어 주고 있어.

한국말은 한국인의 마음과 생각이 살고 있는 집과 같아. 우리말 속에는 한국인의 정신이 숨 쉬고 있단다. 그러니 말을 할 때는 우리 얼을 북돋우고 널리 알릴 수 있게끔 소중히 다루고 잘 써야 해.

조용히 네 자신에게 물어봐. "너 정말로 한국말 아니?"라고 말이야.

첫 번째 마당

발 없는 말을 타 보자

알타이 산맥을 따라 생겨난 말 가족

눈으로 볼 수도 없고 손으로 만질 수도 없지만,
말은 네 발 달린 천리마보다 더 빨리, 더 멀리 달릴 수 있는 힘을 가지고 있단다.

너, 말에 대해서 생각해 본 적 있니? 뭐? 제주도에서 조랑말을 타 보았다고? 하하, 그것도 '말'이구나! 우리말에서는 타는 것도 말이라고 하고 말하는 것도 말이라고 하지. 하지만 내가 이야기하려는 말은 '타는 말'이 아니라 '말하는 말'이야. 그런데 생각해 보니까, '타는 말'과 '말하는 말'은 소리만 같은 게 아니라 그 뜻도 비슷한 것 같구나.

자동차나 비행기 같은 게 없을 때 사람들은 '타는 말'을 타고 여기저기 오고 갔지. 등에 무거운 짐을 싣거나 수레를 끌게 해서 물건들을 이곳저곳으로 나르기도 하고 말이야. 그런데 알고 보면 '말하는 말'도 마찬가지란다. 입으로 하는 말은 생각과 뜻을 담아서 사람들 사이를 오고 가잖니? 마치 '타는 말'로 짐을 실어 나르듯이 말이야.

짐과 사람을 실어 나르는 '타는 말'과 우리의 생각과 뜻을 실어 나르는 '말하는 말', 정말 닮지 않았니? 그래서 우리 조상들은 '타는 말'과 '말하는 말'을 견주어 재미난 속담 하나를 만들어 냈어. 바로 '발 없는 말이 천 리 간다.'는 속담이지.

물론 여기서 이야기하는 말이란 '말하는 말'이야. 눈으로 볼 수도 없고 손으로 만질 수도 없어서 얼마나 빨리, 얼마나 멀리 가는지는 알 수 없지만, 발 없는 말이 천리마보다 더 빨리, 더 멀리 달릴 수 있는 힘을 가지고 있다는 건 분명하단다.

내 이야기가 거짓말 같아? 그럼 짝한테 너의 비밀을 한번 이야기해 보렴. 그 말은 금세 학교 전체에 퍼질걸. 소문이란 발이 없는데도 천 리를 가는 법이거든. 하지만 발 없는 말이 천 리를 간다고 해서, 우리가 쓰는 한국말이 그대로 일본이나 중국, 러시아로 갈 수는 없어. 왜냐하면 서로 말이 다르기 때문이지. 일본에는 일본말, 중국에는 중국말, 러시아에는 러시아 말이 따로 있잖아.

왜 이렇게 나라마다 서로 다른 말이 생겨났는지, 우리말은 어떻게 생겨났는지 궁금하지 않니? 이제부터 그 이야기를 들려줄게.

초등학교에 다니는 김병관이랑 강태식이랑 김영미는 언제나 같이 다니는 단짝이야. 어느 날 셋이 병관이네 집에 모여서 숙제를 하고 있을 때였어. 병관이 아버지가 들어오더니 태식이와 영미에게 이름을 물었지. 영미가 "저는 김영미예요."하니까, 병관이 아버지는 "오, 그래. 우리랑 성이 같구나. 어디 김씨냐?"하고 묻는 거야. 영미가 "안동 김씨예요."하고 대답하니까, 병관이 아버지가 "그래? 우리도 안동 김씨니까 본관이 같구나."했어.

영미네와 병관이네가 같은 '안동 김씨'라 '본관이 같다'는 말은, 두 집안의 조상이 같다는 말이란다. 지금은 영미와 병관이가 가까운 친척이 아니지만 시간을 거슬러 올라가 보면 같은 할머니, 할아버지를 조상으로 두었다는 이야기지. 물론 강씨인 태식이는 성이 다르니까 병관이, 영미하고는 조상이 다를 테지.

말도 성과 마찬가지란다. 지구상에는 말 종류가 3천여 가지나 있는데, 먼 옛날로 거슬러 올라가 보면 이 말에도 다 조상이 있어. 어떤 말들은 영미와 병관이처럼 조상이 같고, 또 어떤 말들은 태식이처럼 조상이 다르지.

같은 조상을 가진 말들이 지금은 왜 서로 다른지 궁금하지? 처음에는 같은 말을 쓰던 사람들이 먹을 것을 찾아서, 아니면 전쟁을 피해서 이리저리 옮겨 다니며 살다 보니까 세월이 지나면서 말들도 조금씩 달라졌어. 하지만 처음에는 같은 말이었기 때문에 꼼꼼히 살펴보면 비슷한 점도 많아.

이렇게 같은 조상에서 갈라져 나온 말들을 같은 '어족語族'이라고 해. 어족은 '말의 가족'이라는 뜻이야. 예를 들어 영어나 프랑스 어, 독일어같이 유럽 사람들이 쓰는 말들은 대부분 같은 어족에 속하는데, 이 어족을 인도·유럽 어족이라고 부르지. 어족에는 인도·유럽 어족 말고도 알타이 어족, 우랄 어족, 아프로·아시아 어족 등이 있어.

우리말은 그중에서 '알타이 어족'에 속해. 알타이 어족은 알타이 산맥을 중심으로 해서 동쪽으로는 일본, 서쪽으로는 터키에 이르는 넓은 지역에 퍼져 있는 말들이야. 알타이 어족 가운데 잘 알려진 말로는 우리 한국어랑 일본어, 만주어, 터키 어 등이 있어. 이 알타이 어들은 홀소리어울림(모음 조화)이 뚜렷하고, 어말과 어미 구분이 분명하다는 공통점을 가지고 있단다.

살아 움직이는
말

말은 한 뿌리에서 갈라져 나와 오랜 시간을 두고 사람들이 살아가는 모습에 맞춰 새로 만들어지고, 바뀌고, 또 사라지기도 하지.

말은 한번 태어났다고 해서 변하지 않고 그대로 있는 것이 아니야. 오랜 세월이 지나면서, 또 다른 곳으로 퍼져 나가면서 조금씩 바뀌어 가지. 마치 살아 있는 생물처럼 말이야.

우리말의 경우만 해도 그래. 삼국 시대 이전까지는 부여, 고구려, 옥저, 동예가 있던 북쪽 지방 말과 마한, 진한, 변한이 있던 남쪽 지방 말이 조금 달랐어. 그러다가 삼국 시대에 신라가 고구려와 백제를 멸망시키고 삼국을 통일하면서, 나라 전체가 서라벌(지금의 경주)을 중심으로 한 신라 말을 쓰게 되었지.

그 뒤 통일 신라가 망하고 고려가 세워지자, 다시 고려의 서울인 송도(지금의 개성)를 중심으로 한 말이 가장 널리 쓰이게 되었어. 조선 시대에는 조선의 서울인 한양(지금의 서울)이 송도에서 멀지 않았기 때문에 말도 고려 시대와 별 차이가 없었지. 그 말이 지금까지 이어져서 오늘날 우리가 쓰는 한국말로 자리 잡았단다.

한국말이 꼭 한반도 안에서만 쓰이는 건 아냐. 일본에만 백만여 명, 미국에는 수십만 명 또, 중국, 러시아, 카자흐스탄, 우즈베키스탄, 오스트레일리아, 캐나다, 브라질 등 세계 거의 모든 나라에 한국 사람들이 살고 있으니까.

이렇게 외국에서 살고 있는 교포들도 한국말을 사용해. 하지만 이들은 한편으로 각자 지금 살고 있는 나라의 말을 배우려고 노력한단다. 그 나라 사람들과 어울려 살려면 우선 말이 통해야 하거든. 그래서 그곳에서 태어나 자라는 교포들은 우리말을 잘 못하는 경우가 많아.

미국 교포들을 한번 볼까? 이민 간 한국 사람이 미국에서 아이를 낳으면 그 아이들은 미국말, 즉 영어를 하게 돼. 물론 그중에는 한국말 역시 잘하는 아이도 있지만, 대부분은 영어에 비해 한국말을 잘 못한단다. 아예 못하는 것은 아니고, 한국말을 이상하게 쓰는 아이들이 많아. 예를 들어 모자나 양말을 '입는다'고 하고, '온다'는 말을 '간다'고 하는 식이지.

어느 나라 사람이건 울타리를 치고 자기네 영토 안에서만 살지는 않아. 다른 나라와 무역도 하고 문화 교류도 하면서 살아가지. 그러다 보면 서로 말도 주고받게 되고, 다른 나라 말이 자기 나라 말에 끼어들기도 해.

우리나라는 오랜 세월 동안 이웃 나라 중국으로부터 문화적으로 많은 영향을 받아 와서 우리말에는 한자말이 아주 많아. 일본에게 강제로 나라를 빼앗겼던 시절에는 우리말을 아예 쓰지도 못했고, 일본말만 하도록 강요당하기도 했단다. 그래서 우리말에는 일본말이 알게 모르게 많이 섞여 있어.

그러다가 광복이 되자, 이번에는 미국 문화의 물결이 거세게 밀려들어 왔어. 미국에서 새로운 문물이 많이 쏟아져 들어왔지. 라디오, 버스, 택시, 트럭, 커피, 아이스크림, 호텔, 넥타이, 버터 등등. 지금 우리에게 낯익은 이 영어 이름들도 그때 같이 딸려 들어온 거야.

이렇게 외국말이 들어와 우리말처럼 쓰이는 것을 '외래어'라고 해. 우리말에는 이러한 외래어가 많이 섞여 있어. 네가 잘 먹는 '피자'도 우리말이 아니잖아? '스커트, 원피스, 부츠, 벨트'같이 옷과 관련된 말, '치즈, 초콜릿, 레스토랑'처럼 음식과 관련된 말, 또 '아파트, 빌딩, 가스, 팀, 스포츠'……. 헤아릴 수 없을 만큼 많은 외래어가 우리 생활에서 쓰이고 있단다.

물론 우리말이 거꾸로 다른 나라에 들어가서 쓰이는 경우도 있어. '김치, 불고기, 태권도' 같은 말들이 그래. 이 말들은 다른 나라에서도 그대로 '김치, 불고기, 태권도'라고 쓰고 있단다. 이렇게 우리는 다른 나라 말을 들여와 쓸 뿐만 아니라, 다른 나라 말에 우리말을 옮겨 주기도 하지.

말이 살아 있다는 걸 보여 주는 예는 또 있어. 우리나라 안에서도 지역마다 말이 조금씩 달라. 저마다 지역에서 쓰는 독특한 말을 방언, 곧 사투리라고 하지. 어느 나라에나 사투리가 있단다. 똑같은 말을 써 왔어도 오랫동안 떨어져 살면서 발음도 좀 달라지고 낱말도 달라져. 그래서 결국 방언이 생기는 거지.

현재 대한민국에는 경상도 방언, 전라도 방언, 제주도 방언, 서울을 포함한 중부 방언 등이 있어. 그중에서도 제주도 방언은 다른 지역 말과 많이 달라서 알아듣기 쉽지 않을 때가 많대. 그리고 북한에 평안도 방언, 함경도 방언 등이 있어. 이런 방언들은 점차 없어지고 있는 추세야. 학교에서 표준어를 가르치고 있고, 또 교통과 통신이 발달해서 왕래가 잦아졌기 때문이야.

이렇듯 말은 한 뿌리에서 갈라져 나와 사람들이 살아가는 모습에 맞춰 새로 만들어지고, 바뀌고, 또 사라지기도 하지. 그러니 살아 있는 생명을 다루듯 정성스럽고 알맞게 다루어야 해. 이 땅에서 살아갈 다음 세대를 위해서도 꼭 필요한 일이지.

말 속에 담긴
또 다른
말의 세계

말은 또 다른 말들이 사는
마을이고, 도시이고, 큰 숲이라고 할 수 있지.

 내가 어렸을 때에는 말을 가지고 재미있는 놀이를 하곤 했어. 너도 아는지 모르겠다. 끝말잇기 말이야. '시계-계산기-기차-차렵이불' 하는 식으로, 낱말의 끝 자를 첫소리로 하여 다음 낱말을 이어 가는 놀이지.

이제 와서 생각해 보면 그런 놀이를 하면서 내 생각이 쑥쑥 자랐던 것 같아. 줄넘기나 고무줄놀이를 하면서 나도 모르게 몸이 단련되었던 것처럼, 말놀이는 내 생각을 튼튼하게 해 주었던 거지.

내가 어렸을 때에는 친구들과 이런 말놀이도 했어.

"눈에 눈이 들어가면 눈물('눈'을 짧게 발음함)이냐, 눈물('눈'을 길게 발음함)이냐?"

무슨 뜻인지 알겠니? 사람 눈도 '눈'이고 하늘에서 내리는 눈도 '눈'이잖아. 그러니까 '사람 눈에 하늘에서 내리는 눈이 들어가서 나오는 눈물은 슬퍼서 흘리는 눈물이냐, 아니면 하늘에서 내리는 눈이 녹은 물이냐?' 하는 수수께끼야. 이건 정답도 없겠다. 둘 다 맞을 수 있으니까 말이야. 나는 이렇게 정답이 없는 말들을 생각해 내고 그 말로 재미있게 놀이도 하면서 자랐단다.

말놀이에 얽힌 재미난 옛날이야기 하나 해 줄까?

옛날에 어떤 선비가 한 가게 앞을 지나다 주인에게 자기 옷을 가리키며 물었어.

"이것이 무엇이오?"

그러자 주인이 "옷이오." 하고 대답했지. 그러니까 선비가 가게 안으로 불쑥 들어가는 거야. '옷이오.'라는 말은 어서 오라는 '오시오.'와 발음이 같잖아.

가게 안으로 들어간 선비가 이번에는 주인이 팔고 있는 잣을 가리키며 또 물었지.

"이것은 무엇이오?"

주인이 "잣이오." 하고 대답했어. 그러자 선비가 잣을 먹는 거야. 주인이 화를 내며 남의 잣을 먹었으니 돈을 내라고 했지. 그러자 선비가 뭐라 했는지 아니?

"아니, 당신이 조금 전에 나보고 '자시오.' 해서 먹었는데 돈은 무슨 돈이오?"

주인은 할 말이 없었어. 너도 윗사람에게 '잡수세요.'라고 하잖아. '자시오.'는 '잡수세요.'를 조금 낮춘 말이거든.

이번에는 선비가 자기 갓을 가리키며 "이건 또 무엇이오?" 하고 물었단다. 주인이 "갓이오." 하자, 그 선비는 얼른 밖으로 나가 버렸어. 화가 난 주인이 남의 잣만 먹고 그냥 가는 법이 어디 있느냐고 따졌지. 그러자 선비는 "아, 당신이 '가시오.' 하지 않았소?" 하고 되레 큰소리를 쳤어. 주인은 옷을 보고 '옷이오.', 잣을 보고 '잣이오.', 갓을 보고 '갓이오.'라고 했을 뿐인데, 선비는 발음이 같으니까 정말로 오고, 먹고, 갔던 거지.

그러니까 이 옛날이야기는 발음은 같아도 뜻이 다른 말을 가지고 재미나게 지어낸 거야. 이 옛날이야기를 곰곰 새겨보면 말 속에 또 다른 말의 세계가 있다는 걸 어렴풋이 알 수 있어. 듣기에 같은 말도 어떻게 받아들이냐에 따라 다를 수 있다는 거지. 그러니까 말은 또 다른 말들이 사는 마을이고, 도시이고, 큰 숲이라고 할 수 있어.

어떤 말 집이 좋을까

생각은 말이라는 집 속에서 알을 낳아 품고 잠을 자고 예쁜 소리로 우는 거란다.

어느 철학자가 '말은 생각의 집'이라고 한 말이 생각나는구나. 모든 생명은 집이 있어야 살잖니? 하늘을 나는 새도 둥지가 있어야 하지. 짐승들은 물론이고 개미나 굼벵이 같은 작은 곤충에게도 집이 있어. 심지어 물건들도 그런걸. 칼에는 칼집이 있고, 안경에는 안경집이 있잖아.

마찬가지로 생각에도 집이 필요해. 집이 있어야 생각도 숨을 쉬고, 키를 키우고, 새끼를 낳을 수 있겠지. 그럼, 생각의 집은 무얼로 지을까? 바로 '말'이야. 새가 둥지에 알을 낳아 품고, 짐승이 어두운 굴에서 잠을 자고, 벌레가 풀숲에서 울듯이 생각은 '말'이라는 집 속에서 알을 낳아 품고, 잠을 자고, 예쁜 소리로 울지. 말은 우리 생각이 살고 있는 집이야.

말은 물건이나 살아 있는 생물처럼 직접 볼 수도 만질 수도 없지만, 우리 생각과 함께 새끼를 치는가 하면 변하기도 하고 늙어 죽기도 해. 그래, 말도 죽어. 죽은 말이 뭐냐고? 예전에는 썼는데 지금은 안 쓰는 말이 바로 죽은 말이야.

옛날에는 강을 '가람', 산을 '뫼'라고 했어. 그런데 지금은 강이나 산을 그렇게 부르는 사람이 없지. 그러니까 가람과 뫼라는 말은 죽어 버린 거야. 가람이라는 말과 강이라는 말이 싸워서 강이 이기고, 뫼라는 말과 산이라는 말이 싸워서 산이 이긴 거지. 그래서 가람과 뫼라는 말은 죽어 버리고, 오늘날에는 '강'과 '산'만 남은 거야.

아주 죽은 말은 아니지만 그 뜻이 처음과 다르게 바뀐 경우도 많아. 이런 예는 우리 토박이말과 한자말이 겹치는 데서 자주 나타나지. '노인'은 한자말이고, '늙은이'는 우리 토박이말이란다. 그런데 지금은 어떠니? 지나가는 노인보고 늙은이라고 부르면 아마 버릇없는 놈이라고 막 화를 낼걸. 같은 뜻인데도 노인이라고 하면 아무 말도 안 할 거면서 말이야.

늙은이보다 더 심한 건 '계집'이야. '계집'도 우리 토박이말이란다. 그런데 여자아이들한테 계집애라고 했다가는 욕을 했다고 싸움이 날걸. '여자'라고 한자말로 하면 가만있을 텐데 말이야.

이건 아마도 우리 민족이 너무 오랫동안 중국 문화에 짓눌려 왔기 때문일 거야. 그래서 우리 토박이말로 하면 속되고 무식하다고 생각하고, 한자말로 하면 점잖고 유식하다고 생각하게 되었는지도 모르지.

또 한자말과 겹치면서 잘못된 말을 만들어 낸 경우도 있어. 애국가는 "동해 물과 백두산이……." 하고 시작하지? 원래 '동해'는 '동쪽 바다'라는 뜻의 한자말이야. 그런데 우리는 '동해'라는 한자말에 같은 뜻을 지닌 '바다'를 덧붙여서 '동해 바다'라고 말하곤 해. 초가를 '초가집'이라고 하고, 역전을 '역전앞'이라고 하는 것도 다 마찬가지야. 한자말에 같은 뜻을 지닌 우리 토박이말을 덧붙여 놓은 것이지.

영어와 우리말이 함께 어우러져서 새로운 말을 만든 경우도 많아. 깡통 있지? 여기에서 '깡'은 영어의 '캔'에서 온 말이란다. 우리말로 통이라는 뜻이야. 그런데 우리는 '깡'이라는 말 뒤에 다시 '통'이라는 우리말을 붙여서 깡통이라고 부르지.

일본어도 살펴볼까? 닭을 일본말로 '도리'라고 불러. 그런데 우리는 닭고기를 양념해 볶은 요리를 뭐라고 부르니? '닭도리탕'이라고 하지. 닭의 일본말인 도리에 닭이라는 단어를 또 붙인 거야. 우리말로 바꿔 보면 닭닭탕이지. 그러기에 닭도리탕은 닭볶음탕이라고 바꿔 부르는 게 좋아.

이렇듯 우리말은 다른 말과 섞이면서 죽기도 하고, 뜻이 변하기도 하고, 새로운 말을 만들어 내기도 하지. 이걸 꼭 안 좋게만 볼 필요는 없어. 어차피 말은 살아 움직이면서 서로 관계를 맺어 가는 거니까. 여기서 우리가 생각해야 할 것은 그렇게 만들어진 말이 우리한테 어울리느냐 하는 것이야. 앞서 말은 생각이 사는 집이라고 했잖아. 생각이 살아갈 집을 허름하게 지어서야 되겠니?

한국인의 생각을 낳을 수 있는 튼튼한 집, 한국인의 생각이 자랄 수 있는 아름다운 집, 그리고 한국인의 생각이 뛰어놀 수 있는 너른 마당을 가꾸어야지. 우리 조상들이 피와 함께 물려준 한국말이 올곧고 아름답게 잘살 수 있도록 말이야.

세 번째 마당

말의 뿌리를 알면 우리말이 보인다

한 뿌리에서 나온
여러 가지 말

한국 사람은 '한가지' 핏줄에서 태어나 '한가지' 말을 하는 사람들이야.
나의 머리, 허리, 다리는 세상에서 하나뿐이지만, 한국인의 뿌리는 다 '마찬가지'라고.

"리 리 리 자로 끝나는 말은 괴나리 보따리 댑싸리 소쿠리 유리 항아리." 하는 재미난 노래가 있지? 그런데 말이야, '리' 자로 끝나는 말에는 우리 몸과 관련된 이름이 아주 많다는 사실을 알고 있니? 자, 볼래? 머리, 허리, 다리……. 그렇지?

이 세상에서 우리에게 가장 가까운 건 바로 자기 몸이야. 그래서 그런지 몸을 가리키는 이름들은 대부분 매우 짧아. 우선 한 글자로 되어 있는 이름부터 말해 볼까? 눈, 코, 입, 귀, 손, 발……. 다 한 글자지? 그 다음에 두 글자로 되어 있는 이름으로는 머리, 허리, 다리, 얼굴 등이 있지.

그런데 자세히 보면 두 글자로 된 이름들은 몸의 한 부분이 아니라 그 부분들이 모인 전체를 가리키는 말이라는 걸 알 수 있어. 눈, 코, 입이 모여 얼굴을 이루잖아. 정말 재미있지? 좀 더 자세히 우리 몸을 살펴볼까?

'리' 자 돌림으로 된 머리, 허리, 다리는 우리 몸을 정확히 세 부분으로 나누고 있어. 머리는 제일 위에 있고, 다리는 제일 아래에 있고, 그 한가운데 허리가 있어. 그러니 우리 몸을 '리' 자로 끝나는 세 개의 말로 다 표현할 수가 있지.

사실 영어나 프랑스 어, 일본어 등 그 어느 나라 말도 사람 몸을 이렇게 체계적으로 나타낸 경우가 없단다. 자, 보자꾸나. 영어로 머리는 '헤드'야. 허리는 '웨이스트', 다리는 '레그'지. 이 말들은 서로 아무런 연관성도 없이 제각각이잖아?
이번에는 '머리카락', '손가락', '발가락'이라는 말을 잘 생각해 보렴. 어때, 모두 '가락'이라는 말이 들어가지? 이 '가락'은 '갈라져 나온 것'이라는 뜻이야. 그래서 그 말만 가지고도 머리에서 갈라져 나온 것은 '머리카락'이고, 손에서 갈라져 나온 것은 '손가락', 발에서 갈라져 나온 것은 '발가락'이라는 것을 알 수 있잖아. 머리카락은 '가락'이 아니라 '카락'이라고? 그래, 맞아. 하지만 '카락'은 거센소리일 뿐 '가락'과 같은 뜻을 지녔어.

그럼 나무에서 갈라져 나온 건 뭐지? 가지! 그래, 가지야. '가지'도 가락이라는 말과 같은 뿌리에서 나온 낱말이란다. 이것을 어려운 말로 어원이라고 부르지. 사람 머리, 손, 발에서 갈라져 나온 것이 머리카락, 손가락, 발가락인 것처럼, 나무에서 갈라져 나온 것은 '나뭇가지'가 되는 거야.

그럼 동물들한테서 갈라져 나온 것은 뭐 없을까? 왜 없겠니. 동물들에서 갈라진 것으로는 '아지'가 있어. 말의 새끼는 '망아지', 소의 새끼는 '송아지', 개의 새끼는 '강아지'……. 이렇게 동물의 새끼를 가리키는 말에는 '아지'가 붙어. '아지' 역시 '가지'라는 말과 어원이 같아. 새끼는 어미에서 갈라져 나온 가지니까 말이야. 가지에서 'ㄱ'자가 떨어진 것뿐이라고. 사람의 새끼를 나타내는 '아기'라는 말도 사실은 '아지'에서 나온 거야. 어머니로부터 갈라져 나온 가지가 바로 '아기'이지.

이렇게 한국말은 아주 체계적이고 가지런히 정돈되어 있어. 덕분에 한국 사람들은 여러 가지 생각을 쉽고 편하게 말할 수 있지. 내가 지금 '여러 가지'라는 말을 썼지? 바로 그거야. 여러 가지의 '가지'도 나뭇가지의 가지와 같은 말이라고. '여러 가지'라는 말은 '가지가 여러 개'라는 말과 뜻이 한가지거든.

어라, 이번에는 '한가지'라는 말을 썼구나. 한가지는 '같다'는 뜻인데, 이 말도 똑같이 '가지'에서 나왔다는 것을 금세 알 수 있어. 그러니까 '한가지'라는 말도 원래는 '같은 나뭇가지'를 가리키는 말이지. 정말 재미있지?

참, 또 있어. 서로 같은 것을 나타내는 '마찬가지'라는 말이 있지. 이 말은 '마치 한가지와 같다.'는 말이 준 거야. 이제까지는 모두 다른 것인 줄 알았는데, 사람과 짐승, 그리고 나무는 그야말로 '마찬가지'였어. 마치 '한가지'에서 나온 나뭇잎들처럼 말이야.

그럼 이제 이렇게 말하면 어떨까? 한국 사람들은 '한가지' 핏줄에서 태어나 '한가지' 말을 하는 사람들이라고 말이야. 나의 머리, 허리, 다리는 세상에서 하나뿐이지만, 한국인의 뿌리는 다 '마찬가지'라고.

우리가 이렇게 한국말을 쓰고 한국말로 생각하는 한, 우리는 다 '한가지'이고 우리 운명도 '마찬가지'인 거야. 그래서 우리 민족은 '한식구'가 되고 '한가지'가 되는 것이고 말이야. 물론 그 뿌리에는 우리 할아버지, 할머니의 피가 흐르고 있지. 그러니까 우리 민족 전체가 하나의 나무이고, 거기서 여러 가지로 갈라진 것이 우리이고, 뿌리는 우리 조상들인 거야.

우리 민족만이 아니란다. 알고 보면 인류 전체가 '한가지'이지. 아니, 사람만이 아니라 생명체 자체가 커다란 하나의 나무야. 그 한 나무가 자라 여러 갈래의 가지로 갈라진 것이 지금의 생물들이라고. 생명을 지니고 있는 것들의 뿌리는 결국 '마찬가지'인 셈이지.

말이 만들어 내는 빛깔

말은 생각하기 전에 이미 소리와 느낌으로 아는 거야.
그러니까 뜻을 알기도 전에 소리가 먼저 우리 생각을 나타내는 거야.

아기들이 세상에 태어나서 돌 때쯤 되면 "엄마, 아빠" 하고 말을 하지? 그래, 너도 세상에서 제일 먼저 배운 말이 '엄마, 아빠'일 거야. 아기들은 또 먹을 것을 '맘마'라고 하지? 그러고 보니 '엄마'랑 '맘마'랑 소리가 비슷하네.

여기 놀랍고 재미난 사실이 있어. 영어로는 엄마를 '마미, 마더'라고 하잖아. 우리말의 '엄마, 어머니'에서처럼 'ㅁ' 자가 들어가지. '아버지'라는 말도 비슷한 규칙이 있어. 영어로는 '파더'니까 'ㅍ', 즉 'ㅂ' 계열의 글자가 들어가잖아. 프랑스 어도 마찬가지야. 어머니가 '메르'니까 'ㅁ' 자가 들어가고. 아버지는 '페르'니까 'ㅂ'과 같은 계열의 'ㅍ' 자가 들어가고.

가만히 살펴보면 'ㅁ' 자랑 'ㅂ' 자가 서로 대립된다는 걸 알 수 있어. 하나는 부드러운 걸 나타내고, 하나는 딱딱한 걸 나타내지. 게다가 한국말에서는 'ㅁ' 자 위에다 뿔을 달면 'ㅂ' 자가 된단다. 엄마 젖가슴은 부드러워. 아빠 수염은 까칠까칠하고. 그래서 엄마처럼 부드럽고 말랑말랑한 것에는 'ㅁ' 자, 아빠처럼 딱딱한 것에는 'ㅂ'이나 'ㅍ' 자가 들어가 있어.

이런 차이는 생각하기 전에 이미 소리와 느낌으로 아는 거야. 그러니까 뜻을 알기도 전에 소리가 먼저 우리 생각을 나타내는 거지. 우리가 세 살 때까지 배운 말은 거의 이렇게 소리가 주는 느낌을 바탕으로 하고 있어.

자, 그럼 'ㅁ'이랑 'ㅂ'이 들어가는 말들을 한번 살펴볼까? 동그랗고 딸랑딸랑 소리가 나는 것이 뭐지? 그래, 방울이야. 방울은 딱딱한 것으로 만들어졌으니 'ㅂ'이 들어가. 솔방울에도 방울이 들어가지? 그것도 딱딱하잖아. 그럼 눈망울을 한번 생각해 봐. 눈망울은 부드럽잖아. 말랑말랑하고. 그러니까 'ㅁ'이 들어가지.

물과 불은 느낌이 정반대지? 불이 나면 물로 끄고, 물에 젖은 것은 불에 말리지. 엄마, 아빠에서 'ㅁ'과 'ㅂ'이 대립되는 것처럼 물과 불도 마찬가지구나. 그래서 물은 '맑다'고 하고, 불은 '밝다'고 하나 봐. '맑다, 밝다'에도 'ㅁ, ㅂ'이 들어 있구나.

우리나라 말은 홀소리(모음)가 많아서 말소리가 듣기 좋고 부드러워. 홀소리란 우리가 소리를 낼 때 아무 데도 걸리지 않고 그대로 나는 소리를 말해. 여기에 견주어 어딘가에 부딪혀서 구부러져 나오는 소리를 닿소리(자음)라고 하고. 여러 홀소리 가운데 소리를 내는 도중에 입술 모양이나 혀의 위치가 달라지지 않는 모음을 홑홀소리(단모음)라고 하는데, 우리나라 홑홀소리는 'ㅏ, ㅐ, ㅓ, ㅔ, ㅗ, ㅚ, ㅜ, ㅟ, ㅡ, ㅣ', 이렇게 열 개가 있어. 한번 발음해 보렴. 있는 그대로 소리 나니까 참 부드럽지?

영어와 일본어에는 홑홀소리가 다섯 개뿐이야. 그래서 우리나라 사람들이 훨씬 더 여러 가지 소리를 낼 수 있어. 외국어 발음을 정확히 할 수 있는 이유도 바로 여기에 있단다. 어때, 참 자랑할 만하지 않니?

홀소리에는 밝은홀소리와 어두운홀소리가 있어. 이것들을 각각 양성 모음, 음성 모음이라고 부르기도 하지. 밝은홀소리는 비교적 입을 크게 벌려서 내는 소리야. 가볍고 밝고 빠르고 작은 느낌을 주지. 어두운홀소리는 밝은홀소리에 비해 무겁고 어둡고 느리고 큰 느낌을 주고.

밝은홀소리는 밝은홀소리끼리, 어두운홀소리는 어두운홀소리끼리 한데 어울리는 습성이 있어. 이것을 홀소리어울림(모음 조화)이라고 해. 이를테면 퐁당퐁당은 밝은홀소리 어울림이고, 풍덩풍덩은 어두운홀소리 어울림이야.

우리말은 홀소리어울림이 만들어 내는 말의 색깔이 유별나단다. "퐁당퐁당 돌을 던져라."하는 것과 "풍덩풍덩 돌을 던져라."하는 것은 느낌이 달라. 퐁당퐁당은 작은 돌을, 풍덩풍덩은 큰 돌을 던져야 나는 소리거든. '찰랑찰랑'은 작은 물결이 이는 소리이고, '출렁출렁'은 큰 파도가 밀려드는 소리야. 이처럼 홀소리어울림은 느낌을 세밀하게 나누어 전달하는 데 더없이 맞춤하지.

뻐꾹뻐꾹 뻐꾸기, 개굴개굴 개구리

우리나라 사람들은 머리로 생각하고 따지기보다는 소리나 감각 같은 느낌에 기대는 경우가 더 많아.
그래서 인정이 많고 감수성이 예민하지.

개굴개굴

몇 년 전에 한 헬리콥터가 추락하는 사고가 일어났어. 사고 원인이 확실치 않은 상태에서 신문들은 모두 이 사건을 크게 보도했지.

그런데 그 기사 가운데 한국말이 아니고서는 도저히 나타낼 수 없는 미묘한 부분이 있었어. 다름이 아니라 사고 순간을 지켜본 목격자들 증언을 전하면서 누구는 '우당탕탕', 누구는 '타타타타', 또 어떤 사람은 '우르릉쾅', 혹은 '쿠르르쿵' 했다는 거야. 기사에 보도된 폭발음이 그야말로 가지각색이었어.

폭발음도 따지고 보면 얼마나 여러 가지니? '우당탕탕'이었으면 헬리콥터 날개 부분이 떨어져 나간 걸 테고, '타타타타'가 맞으면 엔진 고장으로 발동이 안 걸린 경우일 테지. 또 천둥소리같이 '우르릉쾅'이었다면 누군가 헬리콥터에서 폭탄을 터뜨린 것일 수도 있고, '쿠르르쿵'이면 날씨가 나빠서 헬리콥터가 산에 부딪혀 폭발한 것일 수도 있어.

우리 한국말은 이렇게 소리를 흉내 내는 말이 아주 발달했단다. 아마 똑같은 사건이 다른 나라에서 일어났다면, 폭발음을 이렇게 다양하게 쓸 수 없었을 거야. 어느 말이건 폭발음을 나타내는 의성어가 우리말에 견주어 턱없이 부족하기 때문이지. 의성어란 '소리를 흉내 내는 말'이야.

폭발음만이 아니야. 갓난아기가 잠든 숨소리는 '색색', 어린아이가 잠든 숨소리는 '콜콜'이라고 하지. 좀 더 자란 아이의 숨소리는 어떻게 표현할까? '콜콜'이 아니라 '쿨쿨'이야. 그럼 아버지 같은 어른들은? '드르렁드르렁' 코를 골지, 뭐. 할아버지나 할머니가 되면 좀 복잡해져. 할아버지는 '쿠루룩 쿡', 할머니는 '코로록 콕'. 어때, 정말 재미있지?

서양 사람들은 잘 때 내는 숨소리를 모두 '주주 zoo zoo' 하나로 표현해. 그에 비하면 우리말은 얼마나 가짓수가 많니. 한국 사람들은 정말 소리를 나타내는 데 천재들이란다.

좀 더 자세히 따져 볼까? '콜콜'과 '쿨쿨'은 '오'와 '우'의 차이로 소리의 크고 작음을 나타내.

숨소리뿐만 아니지. '동그랗다'와 '둥그렇다' 가운데 어느 쪽이 더 크겠니? 물론 '둥그렇다'야. '콜콜'보다 '쿨쿨'이 큰 소리인 것처럼 말이야. 보슬비가 내리면 그냥 맞기도 하지만, 부슬비가 내린다면 우산을 써야 해. 보슬비는 빗발이 가늘지만, 부슬비는 보슬비보다 빗발이 굵거든.

"가짓말!"이라고 하면 애교 있게 한번 눈웃음치면 그만이지만, "거짓말!"이라고 하면 눈을 부릅뜨고 덤벼들 거야. "내가 언제 거짓말을 했니?" 하면서 말이야. 가짓말과 거짓말은 '아'와 '어'의 차이밖에 없는데 말이지.

홍수가 났을 때에도 마찬가지야. 둑에 물이 차서 '찰랑찰랑' 한다면 아직 피난까지는 가지 않아도 돼. 하지만 물이 더 차서 '철렁철렁' 한다면 좀 심각하지. 아마 물난리를 피하기 위해 보따리를 싸야 할걸.

앞서 살펴본 말 가운데 '아, 오'는 밝은홀소리이고, '어, 우'는 어두운홀소리야. 밝은홀소리는 가볍고 밝고 빠르고 작은 느낌을 주고, 어두운홀소리는 무겁고 어둡고 느리고 큰 느낌을 준다고 했지? 어때, 정말 그런 것 같아? '빨갛다'와 '뻘겋다'가 주는 색깔의 느낌이 다르고, 가슴이 '콩콩' 뛰는 것과 '쿵쿵' 뛰는 느낌이 다른 까닭도 이 때문이야.

홀소리만 그런 줄 아니? 'ㄱ, ㄴ, ㄷ' 같은 닿소리도 마찬가지야. 물처럼 흘러가는 것이나 바퀴처럼 굴러가는 것을 나타내는 소리나 모양에는 대개 'ㄹ' 자가 붙어. 반대로 'ㄱ' 자가 붙으면 막히고 끊기는 것이 되어 버리지.

수도꼭지에서 물이 많이 나오면 '콸콸' 쏟아진다고 해. 그러다가 물의 양이 점점 줄어들면 '콸콸'은 '좔좔'이 되고, '좔좔'은 '줄줄', '줄줄'은 '졸졸'로 점점 작아지지. 그러다가 'ㄹ' 자 대신 'ㄱ' 자가 들어가 물이 '조르륵조르륵' 흐르게 되면, 그 물은 곧 그치게 되는 거야.

그래서 조선 시대 때 어떤 사람은 'ㄹ' 자가 주는 느낌을 살려서 재미난 글을 쓰기도 했단다.

청산도 절로절로 녹수도 절로절로
산 절로 수 절로 산수 간에 나도 절로
이 중에 절로 자란 몸이 늙기도 절로 하리라.

'ㄹ' 자 받침이 무려 아홉 번이나 나오네. 이때 '절로'는 '저절로'라는 뜻이야. '절로'를 자꾸 되풀이해 봐. 무엇인가 흘러가는 듯한 느낌이 들지 않니?

이와는 반대로 무슨 말이든지 그 말끝에 'ㄱ' 자를 붙이면, 막히고 꺾이고 끊긴 상태가 되고 만단다.

솔방울이 나무에서 떨어져 '때굴때굴' 굴러가고 있어. 그런데 솔방울이 무엇에 부딪히면서 굴러가면 어떻게 될까? 그러면 '땍때굴땍때굴' 불규칙하게 굴러가겠지.

한국말은 이렇게 세계 어느 나라 말보다 소리로 감정이나 모양을 잘 나타낼 수 있어. 귀에는 들리지도 않는 눈 오는 소리까지 말로 흉내 내는 민족은 흔치 않을걸. 우리는 눈이 '사락사락' 내린다거나 '펑펑' 쏟아진다고 해. 감각이 얼마나 예민했으면 눈 오는 소리와 모양까지 말로 표현했을까.

그래서 그런지 이름들도 소리를 따서 지은 것이 많아. '맴맴' 하고 우니까 매미이고, '뻐꾹뻐꾹' 우니까 뻐꾸기이고, '개굴개굴' 개구리나 '뜸북뜸북' 뜸부기도 다 마찬가지야.

우리말은 왜 소리를 나타내는 데 민감할까? 그건 우리 민족성과 깊은 관련이 있어. 우리나라 사람들은 머리로 생각하고 따지기보다는 소리나 감각 같은 느낌에 기대는 경우가 더 많아. 그래서 인정이 많고 감수성이 예민하지. 또 춤과 노래를 유난히 즐겨 했고 말이야. 옛날 사람들은 아무리 가난하고 힘겨워도 구성진 육자배기 한 가락에 시름을 실어 보내곤 했어. 그만큼 예술성이 빼어난 민족이었지.

하지만 어떤 때에는 이게 약점이 되기도 해. 합리적으로 무엇인가 분석하고 따지는 데에는 소리나 감각이 때로는 방해를 하니까 말이야.

그러니까 우리말의 성질을 잘 알았다가 좋은 점은 살리고 나쁜 점은 보충해서 잘 가꾸어야 해. 우리 민족이 가진 훌륭한 감성에다 부족한 합리성까지 갖춘다면 더할 나위 없이 좋겠지.

'아' 다르고
'어' 다른 우리말

어떤 일을 할 때 '나'라고 하고 싶은 말을 '도'로 바꿔 보렴.
'나'라고 말할 때는 몰랐던 희망과 기쁨이 샘솟을 거야.

세계 여러 나라의 말들은 제각기 특징이 있단다. 그중 우리나라 말은 '교착어'라는 특징이 있지. 교착어가 뭐냐고? 앞서 알타이 어족 이야기를 할 때, 어말과 어미 구분이 분명하다는 특징이 있다고 했지? 그게 바로 교착어를 가리키는 거야. 그러니까 교착어란 위치에 따라서 뜻이 결정되는 말이 아니라, 낱말과 낱말 사이를 이어 주는 토씨에 따라 뜻이 달라지는 말이란다. '토씨'라는 말도 어렵다고? 토씨는 '은', '는', '을', '를'처럼 낱말 뒤에 붙어서 조금씩 다른 의미를 나타내는 말을 뜻해.

　교착어에 해당되는 우리말이 어떤 특징을 가지고 있는지 살펴볼까?

　'나는 밥을 먹는다. I eat rice.'라는 문장을 예로 들어 보자. 이 말을 영어로 하면 '나는, 먹는다, 밥을' 하는 순서로 연결되지. 그런데 만약 이 말들의 순서를 바꾸면 아예 뜻이 달라져. 하지만 우리말에서는 순서를 바꾸어서 '나는 먹는다 밥을.' 혹은 '밥을 먹는다 나는.'이라고 해도 뜻이 변하지 않지. 우리말은 위치가 달라져도 토씨만 잘 쓰면 그 뜻을 알 수가 있어.

우리말과 서양말의 가장 큰 차이는 바로 토씨에 있어. 우리말은 같은 말이라도 토씨 하나만 바꾸면 뜻이 완전히 달라지거든.

네가 하늘에 있는 달을 올려다보면서 "아! 달이 밝다." 할 때도 있고, "아! 달은 밝다." 할 때도 있을 거야. '달이 밝다.'는 오로지 달만 바라보며 하는 말이야. 그럼 '달은 밝다.'라는 말은 어느 때 쓸까? '달은 별보다 밝다.'라고 말할 때 써. 그러니까 눈앞에 있는 달을 보고 하는 말이 아니라, 다른 것과 견주어 밝다는 걸 이야기할 때 쓰는 거지.

'달이 밝다.'와 '달은 밝다.' 어때, 참 다르지? '아 다르고 어 다르다.'는 속담처럼 우리말은 토씨 하나로 묘하게 뜻이 달라지기도 해.

'나'와 '도'라는 토씨를 살펴봐도 마찬가지야. 너는 내키지 않는 일을 할 때, 혹은 신이 나지 않을 때 말끝에 '나'라는 토씨를 달곤 할 거야. "공부도 하기 싫은데 낮잠이나 잘까.", "놀러나 나갈까.", "텔레비전이나 볼까." 하고 말이야. 네가 정말 잠자고 싶거나 놀러 나가고 싶거나 텔레비전을 보고 싶다면 그렇게 말하지 않을 거야. 할 일이 없으니까 잠이나 자고, 놀기나 하고, 텔레비전이나 보겠다는 거지.

이렇게 모든 말에 '나' 자를 붙이면 만사가 시들해지고 말아. 별로 하고 싶은 마음도 생기지 않고 힘도 나지 않지. '나' 자 하나가 붙으면 모든 일들이 그저 시간을 때우기 위한 것이 되어 버려.

그뿐이 아니야. 어떤 때에는 남을 욕하거나 불만을 말할 때에도 '나' 자를 붙여. 엄마가 너를 야단칠 때 뭐라고 하니? "공부는 언제 하려고 밤낮 잠이나 자고, 게임이나 하고, 놀기나 하는 거니?" 하지? 엄마가 이렇게 '나' 자를 붙여서 이야기할 때에는 낯빛이 좋지 않고 목소리도 높아지게 마련이야. 그러니 늘 '나' 자를 붙이면서 살아가는 사람은 어떨까? 마지못해 일하고, 따분하고 지루한 나날을 살아가겠지. 그래서 '나' 자를 자주 쓰면 훌륭한 사람으로 자라는 경우가 드물단다. 열심히 해 보지도 않고 부정적이고 소극적으로 생각해 버리기 때문이지.

그럼, '도'라는 토씨는 어떨까? '도'는 '나'와는 정반대야. 긍정적이고 적극적인 자세를 나타내지. 네가 "밥이나 먹자."가 아니라 "밥도 먹자."고 말했던 때를 떠올려 봐. 언제 그렇게 말했니? 이 말은 마지못해서 밥을 먹는 게 아니라, 일도 하고 밥도 먹고 여러 가지 일을 열심히 하고 있을 때 썼을 거야.

토씨 하나 바꿨을 뿐인데 분위기가 확 바뀌었어. 이렇게 '나'를 '도'로 바꾼다면 세상이 갑자기 달라질 거야. 여태까지 회색빛 세상이었다면, 이제는 장밋빛 세상이 되는 거지.

"여행이나 가야지."라고 말하면, 자기 일도 제대로 못하고 절절매다 도망치듯 떠나는 모습이 떠오르고, "여행도 가야지." 하면 열심히 일하고 공부하다가 보람차게 여행을 떠나는 모습이 떠올라. '나'라고 말하고 떠난 사람은 여행을 가서도 그저 그런 시간을 보내다가 올 테고, '도'라고 말한 사람은 그곳에서 제대로 보고 느끼고 추억을 담아 올 게 분명해. 같은 말이지만 마음먹기에 따라 얼마나 다르게 들리니?

작고 보잘것없어 보이는 '나'나 '도'라는 토씨 하나가 이처럼 말의 뜻을 전혀 다르게 만들어 놓지. 우리 마음까지도 달라지게 만들고 말이야.

재미있는 이야기를 하나 들려줄게.

어떤 나그네가 길을 가다 석수장이 세 사람을 보았어. 그들은 모두 정으로 돌을 깨는 중이었지. 나그네는 첫 번째 석수장이에게 물었지.

"무엇을 하고 계십니까?"

그랬더니 그 석수장이는 돌아보지도 않고 퉁명스럽게 대답하는 거야.

"보면 알 것 아니오. 돌이나 쪼고 있잖소."

나그네는 이번에는 두 번째 석수장이에게 물었어.

"지금 무엇을 하고 계십니까?"

그러자 그 사람은 나그네를 힐끔 보더니 이렇게 대답했지.

"주춧돌을 다듬고 있는 중이라오."

나그네는 마지막으로 세 번째 석수장이에게 물었어. 물론 똑같은 질문이었지.

그런데 세 번째 석수장이는 즐겁다는 듯 웃는 얼굴로 대답하는 거야.

"세상에서 제일가는 절을 짓고 있답니다. 지금은 돌을 쪼아 주춧돌을 만들고 있지요. 그래야 그 위에 훌륭한 절을 세울 수 있으니까요."

어때, 같은 장소 같은 시간에 똑같은 일을 하면서도 세 석수장이의 대답이 모두 다르지? 첫 번째 사람은 그야말로 돌이나 깨면서 그날그날 살아가고 있어. 신이 나서 일하지 않으니 짜증밖에 더 나겠니? 그러니 그냥 돌이나 쫀다고 대답할 수밖에. 두 번째 사람은 자기가 돌을 쪼고 있는 이유는 알고 있었어. 즐겁지는 않지만 짜증을 내지는 않지. 맡은 일의 목적만 달성하려는 사람이야. 세 번째 석수장이는 어땠니? 힘든 일을 하면서도 웃었지. 그리고 신에 겨워 이야기했어. 세상에서 제일 훌륭한 절을 짓는 중이라고 말이야.

세 번째 사람은 자기가 돌만 깨고 있는 게 아니라 불공도 닦고 있다고 생각했을지 모르지. 그러니 돌 쪼는 일이 얼마나 보람 있었겠니? 고된 일을 해도 기분이 좋을 수밖에. 그 결과가 어떻게 나올지는 불 보듯 뻔해. 만에 하나 당장 결과가 안 좋게 나왔더라도 그게 중요한 건 아냐. 스스로 행복하다면 그걸로 충분하고, 또 언젠가는 그 마음이 다른 사람에게 전해지기 마련이거든.

너도 이 순간부터 '나'에서 '도'로 토씨 하나를 바꿔 봐. '나'라고 말할 때는 몰랐던 희망과 기쁨이 샘솟을 거야. 하기 싫고 사소했던 일들이 어느새 네 삶의 일부가 되어 있을걸.

널리 사람을 섬기는 말

여섯 번째 마당

'사람 살려'와 '헬프 미'의 차이

한국말에는, 우리는 모두 같은 '사람'이니까 어느 누구라도 어떤 경우에라도 함부로 대접받아서는 안 된다는 생각이 뿌리 깊이 배어 있어.

우리 조상들은 사람을 하늘과 땅 사이에 있는 가장 귀한 존재로 보았어. 한국의 여러 가지 문화와 풍습, 역사 속에는 사람을 믿고 존중하는 사상이 짙게 깔려 있지. 사람과 관련된 말 속에도 마찬가지로 사람에 대한 값지고 귀한 믿음이 담겨 있어.

　어떤 사람이 갑자기 위기에 빠졌다고 생각해 봐. 이를테면 숲을 지나가는데 갑자기 호랑이가 달려들었다고 하자. 아니면, 수영을 못하는데 깊은 물에 빠졌다고 해 봐. 그럴 때 사람들은 뭐라고 말할까?

　그래, 자기도 모르게 큰 소리로 구해 달라고 외칠 거야. 만약 미국 사람이라면 대부분 "헬프 미!" 하고 외칠 테지. '헬프 미.'는 '나를 도와주세요.'라는 뜻이란다. 그러니까 미국 사람들은 어려움에 처했을 때에도 '나'라는 존재를 잊지 않는 거지.

　일본 사람들은 위기에 빠지면 "다스케데 구레!"라고 외쳐. '다스케데 구레.'는 그냥 '살려 주세요.', '도와주세요.'라는 뜻이야. 일본말 속에는 '누구'를 살려 달라는 말이 없어.

그럼 한국 사람은 어떨까? 한국 사람들은 "사람 살려!" 하지. 여기에는 아주 중요한 차이가 있어. '나'는 제각기 다르지만, '사람'이라고 하면 너도 되고 나도 되잖아. 아주 위급하고 위험한 상황에서는 그 사람에게 뿌리 깊이 배어 있는 본능적인 반응이 튀어나오게 마련이야. 이때 '나'가 아닌 일반적인 '사람'을 외친다는 건 그만큼 우리가 사람 모두를 생각하는 마음을 가지고 있다는 얘기지.

우리말에 '나도 사람이야.'라는 말이 있지? 예를 들어 네가 아주 큰 잘못을 저질렀거나, 또는 누가 너에게 아주 어렵고 힘든 일을 시켰어. 이렇게 막다른 골목에 내몰렸을 때, 마지막에는 "나도 사람이야!" 하고 외치게 돼.

이 말 속에는 말하는 사람이나 듣는 사람이나 같은 사람이니, 어떤 경우에라도 함부로 대접받아서는 안 된다는 뜻이 담겨 있어. 우리나라 사람들은 사람을 세상에서 가장 소중하게 여기는 마음이 있기 때문에, 모두가 그 말을 쓰고 또 이해하는 거지.

예전에 유럽과 미국 사람들은 아프리카에서 흑인들을 데려다 물건을 다루듯 사고팔았어. 또 노예 몸에다 말 등에 찍는 낙인을 찍었어. '이 노예는 내 것이다.' 하고 표시를 하기 위해서 말이야. 노예는 짐승과 같은 대우를 받았단다.

하지만 우리 민족은 사람을 시장에다 늘어놓고 사고팔지는 않았어. 물론 우리나라에도 노비 제도가 있었지. 그러나 서양의 노예 제도같이 그렇게 잔인하지는 않았어. 우리나라 노비들은 비록 때로는 혹독한 대접을 받기도 했지만, 그래도 짐승 대접을 받지는 않았다는 거야.

오늘날 서양은 민주주의가 발달해서 사람의 권리, 즉 인권을 존중하는 제도가 잘 갖춰져 있어. 하지만 과거에는 그렇지 않았지. 어떻게 보면 예전에 노예 제도 같은 잔인한 제도가 있었기 때문에 오늘날 민주 사회가 될 수 있었는지도 몰라. 사람들이 인간다운 권리를 찾기 위해 저항하고 투쟁도 많이 했으니까 말이야.

우리 조상들이 사람의 가치를 높게 본 좋은 예가 또 있어. 너 혹시 '홍익인간'이라는 말 들어 봤니? 그래, 우리나라 건국 이념이 '홍익인간'이야. 홍익인간은 '인간을 널리 이롭게 한다.'는 뜻이지.

《삼국유사》에 따르면 하느님의 아들인 환웅이 인간 세상을 그리워하여 이 땅에 내려오고 우리 민족의 시조인 단군을 낳아. 단군은 이 땅에 나라를 열지. 이 단군 신화에도 사람을 소중하게 여기는 사상이 또렷하게 들어 있어. 사람이란 하늘에 있는 신까지도 함께 살고 싶어하는 아주 귀중한 존재였던 거지.

사실 우리 토박이 종교는 '사람을 섬기는 종교'라고 할 수 있어. 우리는 명절이나 기일(해마다 돌아오는 제삿날)에 조상들에게 제사를 지내. 신전에서 신에게 제사를 지내듯이 말이야. 제사는 우리에게 피와 살과 생명을 건네준 조상들에게 고마운 마음을 전하는 의식이야. 그 의식을 통해 조상들에게 우리를 지켜 주고 복을 내려 주기를 기원하지. 이렇게 신처럼 모시는 조상을 '조상신'이라고 해. 그렇다고 사람을 신으로 생각했다는 것이 아니라, 그만큼 사람을 가장 소중한 가치로 여겼다는 말이지.

너는
무엇이 '되고' 싶니

우리는 얼마든지, 어떤 형태로든 무언가가 될 수 있어. 우리는 사람이니까.

어른들이 어떤 사람에 대해 "아, 그 사람은 참 된 사람이야." 하거나, 또는 반대로 "그 사람은 덜 됐어. 아니 못 됐어." 하고 말하는 걸 들어 봤니?

그 말 속에는 좋은 사람, 나쁜 사람은 태어날 때 미리 정해지는 것이 아니라는 생각이 담겨 있어. 사람이 되고 못 되고는 어떻게 사느냐에 달려 있다고 본 거야.

'된 사람'이란 도대체 어떤 사람이냐고? 행동과 생각이 사람다운 사람을 말한단다. 사람은 동물과는 달리 지극히 높고 깊어질 수 있는 존재야. 사람다워지는 건 한없이 쉬울 수도 있지만, 때로는 너무도 어렵고 끝이 없는 길이기도 하지.

'사람이 되다.'라는 말을 가만히 생각해 봐. 쉬운 말 같지만 참 철학적이고 깊이가 있는 말이지? '사람이라고 다 사람이 아니다. 사람의 모양을 갖추었지만 실은 사람답지 않을 수도 있다.'는 뜻을 담고 있으니까 말이야.

엄마 배 속에서 막 태어난 아기를 사람이라고 할 수 있을까? 생물학자는 물론 사람이라고 말하겠지. 하지만 우리 조상들은 아직 사람이 된 건 아니라고 생각했어. 사실 네가 이 세상에 태어날 때 '나는 누구 딸, 누구 아들이 될래.' 하고 골라서 태어난 건 아니잖아. 태어날 때 우리 모두는 아무런 생각도 하지 못했어. 네가 스스로 무언가를 배우고 생각하고 선택하는 건 태어난 뒤부터야.

아기가 조금 자라서 말을 하게 되면, 엄마와 아빠는 가끔 이렇게 물어봐.

"너는 커서 뭐가 되고 싶니?"

그러면 아이들은 "대통령이 되고 싶어요.", "훌륭한 과학자가 될 거예요.", "유명한 가수가 될래요." 하며 별소리를 다 하지. 어린 나이지만, 무언가 '되고 싶은' 것이 있다는 얘기야.

아이는 자라면서 세상의 많고 많은 길 가운데 하나를 골라 자신의 운명을 만들어 가게 돼. 그렇게 계속 뭔가를 선택하면서 사람이 되어 가는 거지. 또 스스로 선택할 수 있다는 것은 달라질 수 있다는 말도 돼. 무엇을 어떻게 선택하느냐에 따라 전혀 다른 사람이 될 테니까 말이야.

학교에 갈 때 두 갈래 길이 있다고 생각해 보자. 너는 그 갈림길 앞에서 매번 어느 길로 갈까 선택할 거야. 어느 길을 선택했느냐에 따라서 그날 아침 네가 보고 듣는 일들이 달라지겠지. 각각의 길마다 다른 풍경과 다른 사건들이 펼쳐질 테니까.

이렇게 우리는 평생 동안 그때그때 생각과 판단에 따라 한 가지를 선택해 가며 살아가. 마치 조각가가 돌이나 나무에 조각을 하듯이, 소설가가 하얀 종이에 글을 쓰듯이 너도 너의 모습, 너의 인생을 만들어 가는 거야.

이렇게 '사람이 된다.'는 말은 어렵고, 그러면서도 희망이 있는 말이야. 지금 어떤 일이 잘 안 된다고 포기하지 마. 인간은 끝없이 무언가가 되어 가는 존재니까 말이야. 네 운명은 누가 결정지어 주는 게 아니라 네 힘에 의해서, 네 의지와 노력에 의해서 만들어져. 그러니까 우리는 얼마든지, 어떤 형태로든 무언가가 될 수 있어. 우리는 사람이니까.

일곱 번째 마당

자연과 시간의 순리를 담아

쯧쯧, 어서 철이 들어야 할 텐데.

의사 선생님, 놀 때는 한 시간이 후딱 가는데, 공부할 땐 한 시간이 일 년 같아요.

그건 말입니다. 철이 덜 들어서 그런 겁니다.

시간.

시간은 원래 안 보이는 건데?

철들었네?
철들었네!

철이 들면 딸기나 참외가 맛있는 것처럼, 우리 생각과 마음도 익어 가지.
그래서 시간이 흐르면 생각에도 변화가 생기는 거고.

나는 어렸을 때 장난이 심한 편이었어. 물건을 망가뜨리거나 창문을 깨뜨리기도 하고 말이야. 그래서 어른들한테 야단도 많이 맞았지. 정말 어지간히 말썽을 피우고 다녔어.

그러던 어느 날, 내가 심부름도 하고 청소도 하고 그랬더니 어머니가 "네가 이젠 철이 들었구나." 하는 거야. 너도 들어 봤지? 어른들은 아이들이 뭔가 착한 일을 하면 으레 "얘가 철이 들었네." 하잖아. 그 말을 듣는 게 너무 좋아서 그 뒤로는 착한 일을 많이 하려고 노력했던 기억이 나는구나. 그때 나한테는 '철들었다.'는 말이 제일 좋은 칭찬이었거든.

그런데 생각해 보면 어릴 때에는 철들었다는 말이 무슨 뜻인지 잘 몰랐어. 철들었다는 말을 들으면 그냥 나도 어른이 되었다는 생각에 기분이 좋았던 것뿐이지.

그럼 도대체 '철'이라는 게 뭘까? 그건 시장에서 사 올 수도 없고, 밭에서 따 올 수도, 남이 나에게 줄 수도 없어. 철이라는 것은 그냥 내 마음속에 들어오는 거야. 너도 잘 생각해 봐. 어른들이 칭찬할 때 쓰는 철이란 말은 대체 무슨 뜻일까 하고 말이야.

'봄철, 여름철' 할 때 '철'이라는 말을 하지? 날씨가 차차 추워지거나 더워질 때 어른들은 "철이 바뀌었네." 하고 말해. 여기서 '철'이란 봄, 여름, 가을, 겨울 같은 계절의 시간을 뜻해. '철이 이르다.'거나 '철이 늦다.'는 말에서 '철'도 다 같은 뜻이지.

딸기나 참외같이 먹는 것에도 다 철이 있어서, 제대로 맛이 들었으면 "제철이구나." 하고, 철이 지나서 맛이 없으면 "철이 갔네." 혹은 "한물갔구나." 하지. 지금은 비닐하우스에서 철과 상관없이 아무 때나 과일과 야채 들을 키워 먹지만 말이야.

여름에 푸르고 무성했던 나뭇잎도 가을이 되면 물이 들고 다 떨어져. 이제 나무는 제철을 지나 겨울을 맞이하지. 철이 지난 것은 초라해져. 고개를 빳빳이 쳐들던 무시무시한 독사도 철이 지나 봐. 여름이 가고 가을이 지나 날씨가 추워지면 완전히 풀이 죽어. 결국 겨울에는 땅속으로 기어 들어가 겨울잠에 들지. 이렇게 모든 것은 다 철이 있는 거야. 철이 드는 때도 있고, 또 지날 때도 있지.

이처럼 '철'이라는 말은 시간에 대한 한국 사람들의 철학을 또렷이 보여 주고 있어. 생각해 보렴. 시간은 그냥 지나가는 것이 아니야. 사람에 따라, 경우에 따라 저마다 다른 모습으로 흔적을 남기지. 시간은 어떤 형태로든 바뀌어 쌓이는 거야.

이러한 시간 철학을 잘 나타내 주는 우리말이 또 있어. 설날에 떡국을 먹고 나면 한 살 더 먹었다고 말하지? 우리는 나이도 먹었다고 말해. 나이 드는 것을 나이 먹었다고 말하는 나라는 세상에 우리밖에 없을 거야.

예를 들어 미국 사람들이 "몇 살이니? How old are you?" 하는 것을 우리말로 번역하면, '넌 몇 살 늙었니?'이지. 말 그대로 하면 미국 사람들은 나이가 많아지는 것을 늙어 가는 거라고 생각한 거야. 하지만 우리나라 사람들은 단순히 늙어 가는 것 혹은 낡아 가는 것이라고 생각하지 않았어. 그냥 물처럼 흘러가는 것이 아니라 우리 몸속에 들어와 쌓이는 거라고 생각한 거야. 마치 떡국을 먹듯 하얀 이빨로 시간을 씹어 먹는 거지. 그러면 시간도 음식처럼 우리의 피와 살이 되겠네.

철은 그렇게 해서 드는 거야. 철이 들면 딸기나 참외가 맛있는 것처럼, 우리 생각과 마음도 익어 가지. 그래서 시간이 흐르면 생각도 변하는 거고.

'철이 들었다.'는 말을 잘 생각해 보렴. 나이 어린 아이들은 세상에 나오고 시간이 얼마 지나지 않았으니까 철이 아직 몸속으로 들어오지 않았을 테지. 따라서 아직은 지식도 없고, 아무것도 밖에서 자기 안으로 들어온 것이 없는 거야. 몸속이 텅 비어 있는 상태지. 하지만 점점 나이를 먹으면서 무언가 배우고, 공부하고, 익히는 동안에 많은 것이 안으로 들어오게 돼. 그제야 철이 드는 거지.

자연과 시간의 순리를 이렇듯 멋지게 담아낸 말이 세계에 또 있을까?

시간은 무엇으로 보고 만질 수 있을까

시간의 길이는 똑같은데 마음속에서 시간을 길게 느끼기도 하고 짧게 느끼기도 하지.
그 시간을 우리나라 사람들은 바로 '철'이라는 말로 표현했던 거야.

　우리는 먹을 것, 입을 것, 그리고 여러 가지 물건을 손으로 만질 수 있고 돈으로 따져 볼 수도 있어. 보석같이 아주 비싼 것도 그래. 하지만 보고 듣고 만지는 것만으로 느낄 수 없는 것들도 많아.

　사람의 마음이나 생각도 그래. 네가 아무리 친구와 친하다고 해도 그 친구가 어떤 마음을 가지고 있는지, 또 무슨 생각을 하는지 볼 수는 없잖아? 뿐만 아니라 만져 볼 수도 없지. 네 친구에게 가장 중요한 게 뭐니? 왜 그 아이를 친구라고 생각해? 아마 그 아이한테 눈이 있고, 코가 있고, 입이 있어서는 아닐 거야. 너를 생각해 주는 마음, 그 마음이 친구에게 있기 때문이겠지.

　너도 싫어하는 아이가 있지? 왜 그 아이를 싫어하니? 그건 그 아이의 생김새나 옷 모양 때문은 아닐 거야. 네 마음속에 그 아이를 생각하는 마음이 들어 있지 않기 때문에 그래.

　그야말로 우리는 마음이 시키는 대로 살아가는 거네. 그러고 보면 만지거나 볼 수는 없지만, 마음만큼 중요한 것도 드물어.

시간도 마찬가지지. 세상에서 시간만큼 소중한 것이 별로 없지만, 우리는 그걸 볼 수도 만질 수도 없어. 미하엘 엔데는 《모모》를 통해서 이렇게 말하기도 했지.

"빛을 보기 위해 눈이 있고 소리를 듣기 위해 귀가 있듯이, 너희들은 시간을 느끼기 위해 가슴을 가지고 있단다."

그래, 시간을 보고 듣는 것은 눈이나 귀가 아니야. 다만 마음으로 느낄 뿐이지. 시간을 보는 눈, 시간을 들을 수 있는 귀, 시간을 만질 수 있는 손이 바로 마음이라는 얘기네. 그 말은 마음이 없으면 시간도 없는 거나 마찬가지라는 뜻이지.

똑같은 시간이라도 모두 길이가 달라. 아니, 시간의 길이는 똑같은데 마음속에서 시간을 길게 느끼기도 하고 짧게 느끼기도 하지. 그 시간을 우리나라 사람들은 바로 '철'이라는 말로 표현했던 거야. 그러니까 '철이 든다.'는 것은 바로 시간을 느끼는 마음이 생겼다는 것을 의미하기도 해.

네가 아무 뜻 없이 행동하고 말하면 어른들은 "저, 철없는 것." 하면서 혀를 쯧쯧 차. 하지만 반대로 생각을 깊게 하고 모든 행동과 말을 생각해서, 또 깊이 느끼면서 하면 "네가 이제 철이 들었구나." 하면서 칭찬을 하지.

어른들이 머리를 쓰다듬으면서 "너도 이제 철이 들었구나." 말했을 때 내가 무엇 때문에 그리 기뻐했는지 이제 알겠니? 바깥에 있던 철이 몸속으로 들어왔다고 느끼는 순간, 너는 어른이 되고 세상에 대해 생각할 줄 알게 될 거야.

철이 들어오도록 너도 마음을 열어 봐. 바깥에 있는 철, 그 시간들을 떡국 먹듯이 모두 먹어 버리라고. 철을 네 마음속 깊이 끌어 들이면, 너도 어엿한 사람이 되는 거란다.

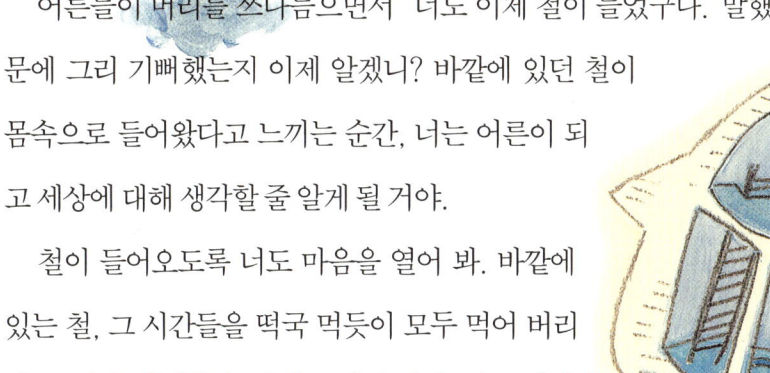

무서운 말, '어쨌든'

"어쨌든 난 몰라." 혹은 "어쨌든 난 좋아."라고 하는 사람에게 더 이상 무슨 말이 필요하겠니?
'어쨌든'이란 말은 마치 망치처럼 두들겨 패는 폭력의 언어 같단다.

사람들이 말다툼하는 것을 가만히 들어 보면 제일 많이 쓰는 말, 몇 번씩 되풀이하는 말이 있을 거야. 바로 '어쨌든'이라는 말이지. 서로 의견이 충돌하거나 주장이 다르면 사람들은 자기 뜻을 굽히지 않기 위해서 '어쨌든'이라는 말을 쓰곤 해.

　"어쨌든 넌 나빠!", "어쨌든 난 몰라."…….

　'어쨌든'은 이렇게 무엇을 따지다가 상대방을 공격할 때나 자기 주장을 고집할 때 흔히 쓰는 말이지.

　'어쨌든'은 '어찌하였든'의 준말이야. 이렇게 하든 저렇게 하든 일일이 따질 필요가 없다는 뜻이지. 서로 대립한 생각들을 하나하나 풀어서 밝히는 것이 아니라 덮어놓고 자기 감정과 결론만 내세우려는 거야.

　어때, 좋은 말로 들리니? 그렇지 않지? 일단 '어쨌든'이란 말을 쓰면 상대를 생각하면서 문제를 풀어 가겠다는 마음을 버렸다는 뜻이야. 그럼 '어쨌든' 다음에는 무엇이 오겠니? 욕이나 주먹이 나올 수밖에 없어. 그때에는 이성적으로 문제를 해결할 여지가 없어지지.

"어쨌든 난 몰라." 혹은 "어쨌든 난 좋아."라고 하는 사람에게 더 이상 무슨 말이 필요하겠니? '어쨌든'이란 말은 마치 망치처럼 두들겨 패는 폭력의 언어 같단다. 그러니까 '어쨌든'이라는 말은 어쨌든 쓰지 말아야 해.

이런, 내가 '어쨌든'이라는 말을 써 버렸구나. '어쨌든'이라는 말을 쓰지 말자는 말에도 '어쨌든'이라고 하다니, 이래서는 너를 설득할 수가 없겠지. '어쨌든'이라는 말을 왜 쓰지 말아야 하는지, 왜 그 말이 나쁜지를 이치에 맞게 말해야 너도 고개를 끄덕일 게 아니니?

'왜?'라고 묻는 순간 '어쨌든'이라는 말은 금세 힘을 잃어버리곤 해. 글을 쓰면서 어떤 결론을 내리려고 할 때에도 마찬가지야. '어쨌든'이라는 말을 피해야 해. '어쨌든'이 들어간 자리에다 반드시 다른 말을 적을 것, 이것이 글쓰기의 기본이야.

마음속이나 입에서 '어쨌든'이라는 말이 나오려고 하면, "잠깐만!"하고 멈춰 봐. 그리고 그 말 대신 어떤 말을 넣으면 좋을지 잠시만 생각하렴. 아마 키가 자라듯이 네 생각도 매일매일 자라날 거야. 남보다 많은 것을 생각하고 이치를 따질 줄 아는 사람은 상대방을 설득하고 이해시키는 데도 아주 빼어난 솜씨를 발휘할 수 있어.

영국에 디즈레일리라고 하는 유명한 정치가가 있었어. 영국은 의회 정치가 세계에서 제일 먼저 생겨난 곳이야. 디즈레일리는 우리로 치자면 국회의원쯤 되는 사람이었지.

디즈레일리는 저녁에 집에 돌아갈 때면 언제나 푸줏간에 들러 고기를 샀어. 서양 사람들은 매일 고기를 먹으니까 그랬을 거야. 그런데 디즈레일리는 고기를 살 때마다 10원, 20원을 깎으려고 한 시간이고 두 시간이고 푸줏간 주인과 실랑이를 했단다. 디즈레일리는 고기가 이러니까 깎아 달라 저러니까 깎아 달라 요구하고, 주인은 안 된다고 하면서 서로 다투었어.

푸줏간 주인은 고집이 아주 센 사람이었지만 결국에는 늘 디즈레일리가 이겨서 어느 때는 10원을, 또 어느 때는 20원을 깎아서 고기를 샀지. 그러면 그는 기분이 좋아서 콧노래까지 부르며 유유히 푸줏간을 나오는 거야. 비서는 그런 디즈레일리의 행동을 이해할 수 없었어. 그래서 어느 날 비서가 물었지.

"의원님, 체면을 생각하셔야죠. 매일 10원, 20원을 깎느라 지금까지 얼마나 많은 시간을 허비하셨습니까. 뭐하러 시간을 낭비하면서까지 10원, 20원을 깎으시는 거죠? 그리고 몇 푼이나 깎았다고 그렇게 기분 좋아하십니까?"

디즈레일리는 허허 웃으며 말했지.

"자네 정치하기는 틀렸군. 자네는 지금까지 내가 단지 물건 값을 깎기 위해 실랑이를 벌였다고 생각했단 말인가?"

"그럼 무엇을 깎으셨습니까? 지금까지 매일 고기 값만 깎으셨잖아요."

"그게 아니었다네, 이 사람아. 나는 푸줏간 주인을 반대 당의 정치가로 생각하고 설득하는 연습을 했던 거야. 자네도 푸줏간 주인이 얼마나 고집스러운 사람인지 알지 않나. 나는 많은 사람을 보아 왔지만, 그렇게 고집스럽고 뻣뻣하고 무뚝뚝한 사람은 처음 보네. 그를 설득할 수 있다면 나는 세상 어떤 사람이라도 말로 이길 수가 있어. 이제까지 그걸 연습했던 거라고. 이제 알겠나?"

정말 놀랍지? 디즈레일리는 고기 값만 깎은 게 아니었어. 그보다는 다른 사람의 마음을 사로잡아서 자신의 뜻을 따르게끔 설득하는 연습을 한 거야.

이런 사람에게 '어쨌든'이라는 말이 필요했겠니? 아니야. 만일 디즈레일리가 푸줏간에 가서 "어쨌든 깎아 주쇼." 했다면, 푸줏간 주인은 당장 "안 돼요. 절대 깎아 줄 수 없소. 깎아 주면 내가 밑진단 말이오." 했을 거야. 그래도 디즈레일리가 "밑지건 말건 상관없소. 어쨌든 깎아 주시오."라고 했다면, 푸줏간 주인은 화가 나서 단돈 1원도 깎아 주지 않았을 거라고.

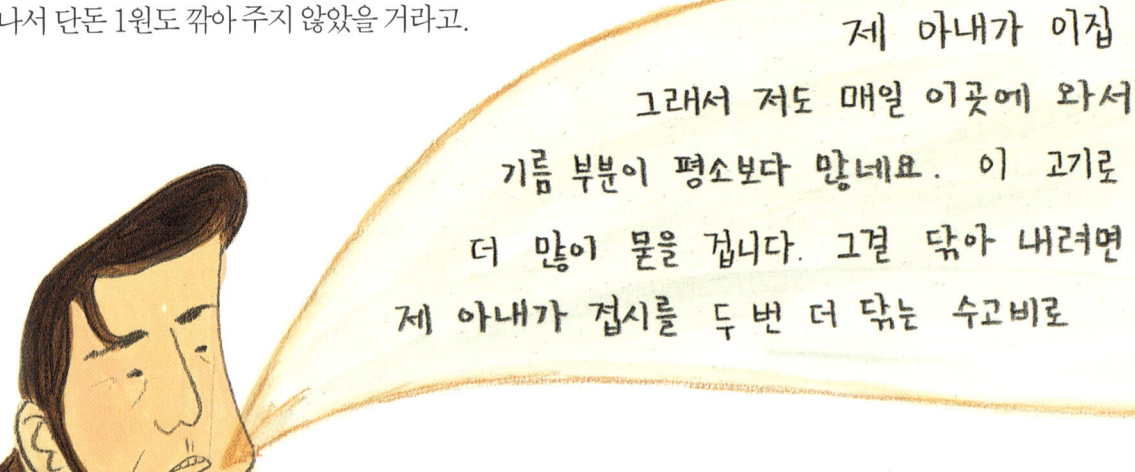

제 아내가 이집 그래서 저도 매일 이곳에 와서 기름 부분이 평소보다 많네요. 이 고기로 더 많이 묻을 겁니다. 그걸 닦아 내려면 제 아내가 접시를 두 번 더 닦는 수고비로

하지만 디즈레일리는 왜 깎아 주어야 하는지를 푸줏간 주인에게 자세히 설명했어. 고기에 비계가 많다거나, 덜 싱싱하다거나, 질기게 생겼다거나 등등 반드시 그때그때 이유를 말했을 거야. 그래서 고집불통인 푸줏간 주인도 결국에는 디즈레일리의 말에 져서, '그래, 저 사람 말이 옳으니 10원은 깎아 줄 수밖에 없겠구나.' 하고 생각하게 되었던 거지.

이제 '어쨌든'이라는 말을 사용하지 말아야 하는 이유를 알겠지? '어쨌든' 앞에서는 민주주의도 생겨날 수 없고, 머릿속 생각도 자라날 수가 없어.

네가 부모님께 무엇을 해 달라고 요구했는데 부모님이 다짜고짜 "어쨌든 안 돼!" 하고 거절하면 기분이 좋겠니? '권위주의'라는 말 알지? 그 권위주의를 다른 말로 '어쨌든주의'라고도 할 수 있어. '어쨌든 안 된다. 이유는 따질 것도 없다.'고 하면, 어떤 사람도 진정한 마음으로 따르지 않을 거야.

고기가 좋다고 늘 이야기합니다. 고기를 사지요. 그런데 오늘은 고기에 스테이크를 만들면 평소보다 기름이 접시에 접시를 평소보다 두 번 정도 더 닦게 될 거고요. 20원 깎아 주십시오.

음, 흠...... 알았소. 20원 깎아 드리리다.

소중한 말, '좌우지간'

우선 "좌우지간에 생각해 봅시다." 하면서 차근차근 다시 네 생각을 말해 봐.
아마 너는 생각의 한가운데 길을 당당하게 걸어갈 수 있을 거야.

'어쨌든'만큼이나 싸울 때 많이 등장하는 말이 또 하나 있어. 바로 '좌우지간'이라는 말이지. 언뜻 생각하면 '어쨌든'이라는 말과 비슷해 보일 거야. 사람들은 싸울 때 "좌우지간에 말이야." 하며 자기 의견만 마구 고집하거든. 그러니까 '어쨌든'처럼 '좌우지간'이라는 말이 나오면 이미 주먹이 나오기 직전까지 갔다는 뜻이지.

하지만 '좌우지간'의 원래 뜻이 무엇인지 알면 그렇게 주먹다짐까지 가지도 않을거야. '좌우지간'이란 '왼쪽(좌)과 오른쪽(우)의 사이'라는 말이야. 사람들 생각은 저마다 다를 수밖에 없어서 의견이 갈라지게 마련이거든. 그걸 인정하고 서로 양보해서 알맞게 조절하자는 거지.

그러니까 '네가 옳다고 믿는 것과 내가 옳다고 믿는 것', '흑과 백', '왼쪽과 오른쪽' 간에 극단적으로 대립하지 말고 서로 상대방 입장을 생각해서 그 사이를 찾아내자는 말이야.

너무 뜨뜻미지근하다고? 그래, 화끈한 것을 좋아하는 사람이라면 좌면 좌, 우면 우, 흑이면 흑, 백이면 백, 명확한 게 더 좋다고 생각할 거야. 하지만 다시 한 번 생각해 보렴. 인간은 신이 아니야. 인간에게 절대란 것은 없어. 그러니까 항상 자기가 백 퍼센트 옳다고만 생각하면 안 돼. 자기 말만 절대적으로 옳다면 그렇지 않다고 생각하는 사람을 싸워 물리쳐서 자기 의견만 내세우면 그만이겠지. 하지만 인간은 누구도 완벽할 수 없어. 자기는 이렇게 하고 싶은데 다른 사람은 그렇게 하고 싶지 않을 수도 있잖아. 그래서 좌든 우든 자기 생각이 분명히 섰더라도 다른 사람 생각에 귀를 기울이고 서로 조금씩 양보할 필요가 있어.

이렇게 좌와 우 사이의 가운데로 가는 것을 유교에서는 '중용'이라고 해. 세상을 살아가려면 중용이 참으로 중요하지.

줄 타는 광대를 본 적 있니? 줄타기를 하는 사람은 오른쪽으로 쏠려도 떨어지고, 왼쪽으로 쏠려도 떨어진단다. 줄에서 떨어지지 않으려면 좌우의 균형을 잘 잡아 한가운데 서 있어야 해. 그래야 비로소 안정되게 줄을 탈 수 있지.

흔히 이런 말을 하지. 세상살이가 줄타기라고 말이야. 그 줄에서 떨어지지 않으려면 '좌우지간'이란 말을 명심해야 해.

너 혹시 '동서 냉전'이라는 말 들어 봤어? 미국을 중심으로 한 자본주의 세계와 옛 소련을 중심으로 한 공산주의 세계가 한 치 양보도 없이 서로 맞서서 으르렁거리던 때 말이야.

우리나라도 동서 냉전 시대에 가장 많은 상처를 입은 나라 가운데 하나야. 사람들은 '너는 좌익, 나는 우익' 하면서 서로 싸웠어. 이 싸움이 결국 6·25 전쟁을 낳았고, 한반도를 분단국으로 만들었지. 그 때문에 같은 민족이 둘로 나뉘어 서로를 할퀴며 살아왔어. 하루 빨리 통일이 되어서 서로 이해하면서 끌어안아 주어야겠지.

그러려면 무엇보다 '좌우지간'이 지닌 뜻을 머릿속에 새겨야 할 거야. 의견이 다른 사람, 반대로 말하는 사람을 "너는 틀렸어." 하고 몰아세울 게 아니라, 그 사람의 의견을 존중하면서 네가 생각하는 것을 당당히 이야기할 줄 알아야 해.

그러니까 누군가와 대립하게 되면 우선 "좌우지간 생각해 봅시다." 하면서 차근차근 다시 네 생각을 말해 봐. 아마 너도 상대편도 화가 누그러지고, 서로 다른 생각의 한가운데 길로 편안하게 걸어갈 수 있을 거야.

이제 '어쨌든'이라는 말을 '좌우지간'이라는 말로 바꿔 생각하는 거다. 언뜻 생각하면 같은 말인 것 같지만, 잘 알고 쓰면 우리말의 아름다움과 네 생각의 아름다움을 깨달을 수 있을 거야.

하늬바람 아름 품은 돛단배가 감실감실

저 멀리 넘실넘실 일렁이는 물결에 몸을 맡긴 채 아스라이 떠 있는 배를 어떻게 표현하면 좋을까?
그럴 때는 돛단배가 '감실감실' 떠 있다고 말하면 돼.

한 국어학자가 쓴 책에 이런 이야기가 있어. 세 살짜리 아이가 채소밭을 일구고 있는 할머니 옆에 쪼그리고 앉아 구경하고 있었단다. 한참을 앉아 있던 아이가 할머니에게 말했지.

"할머니, 나 좀 봐."

"왜 그러니, 아가?"

"내 다리가 이상해. 다리가 솜 같고 바늘 같고 뜨거워."

아이의 말을 들은 할머니는, 아이가 너무 오래 앉아 있어서 다리가 저리다는 걸 알아차렸어. 그래서 아이에게 말했지.

"어이구. 우리 아가가 다리가 저린 모양이구나. 오래 쪼그리고 있어서 그런가 보다."

아이는 다리가 저리다는 느낌은 잘 말했지만, 그걸 한 단어로 '저리다'라고 표현할 줄 몰랐던 거야. 만약 아이가 '저리다'라는 말을 알았더라면 좀 더 쉽고 빠르고 정확하게 자기 생각을 전달했을 텐데 말이야.

너는 문을 잠그지 않고 닫아만 두었을 때 뭐라고 말하니? "잠그지 않고 닫아만 두었어."라고 길게 설명할 거야. 하지만 '지치다'라는 말을 안다면 "문을 지쳐 두었어."라고 한결 간단하게 표현할 수 있어. '지치다'는 '문을 잠그지 않고 닫아만 두다.'라는 뜻이거든. 이 말은 우리가 잘 사용하지 않아서 이제는 잘 모르는 말이 되어 버렸어.

이처럼 사람들이 잘 모르는 우리말 가운데에는 아름답고 좋은 말이 참 많단다.

바람이 불어오는 방향에 따라 '동풍, 서풍, 남풍, 북풍'이라고 하지? 이것을 순우리말로 하면 '샛바람, 하늬바람, 마파람, 뒷바람'이야. 또 북동풍은 '높새바람'이라고 하고. 어때, '동풍, 남풍' 같은 말보다 아름답지 않니?

저 멀리 넘실넘실 일렁이는 물결에 몸을 맡긴 채 아스라이 떠 있는 배를 어떻게 표현하면 좋을까? 그럴 때는 돛단배가 '감실감실' 떠 있다고 말하면 돼. '감실감실'은 먼 곳에서 무언가가 어렴풋이 움직이는 모양을 나타내는 말이거든.

저녁 하늘에 처음 뜨는 별이 '금성'이지? 금성은 순우리말로 '샛별'이야. 꽉 차지 않고 한쪽이 빈 채 하늘에 걸려 있는 반달은 '이지러진 달'이라고 해. 또 '혜성'의 순우리말은 '살별'이지.

날이 새어 간밤에 맺힌 이슬이 아침 햇살에 사라지는 것을 '스러지다'라고 해. 처마에서 비가 떨어지는 것은 비가 '듣다'라고 하고, 또 비를 잠시 피하는 것은 비를 '긋다'라고 말하지.

동네로 들어가는 길목의 첫머리는 '어귀'이고, 동네의 좁은 골목은 '고샅'이야. 그리고 시골 동네 어귀에 흔히 서 있는 아름드리나무에서 '아름드리'란 두 팔을 벌려서 안을 만큼, 그러니까 한 아름이 넘게 굵은 것을 뜻해.

또 밤이나 도토리 같은 열매는 '아람'이야. 동네 뒷산의 작은 샘은 '옹달샘'이고. 원래 '옹달'은 작고 오목한 모양을 뜻해. 그래서 작은 솥은 '옹달솥', 작은 우물은 '옹달우물', 작은 샘은 '옹달샘'이 되는 거지.

　아주 비슷하게 보이지만 반대되는 뜻을 지닌 말도 있어. '앙갚음'은 자기에게 해를 입힌 사람에게 보복을 한다는 뜻이야. 이와 닮은 '안갚음'은 늙은 부모에게 먹이를 물어다 주며 은혜를 갚는 까마귀의 효성을 뜻해. 참 아름다운 말이지.

　우리말에는 사랑을 나타내는 말도 참 많단다. 어머니는 자식을 '가없이' 사랑하지. '가없이'는 '끝없이'라는 뜻이야. 그야말로 온 마음을 다해 사랑하는 거지. 부모가 자식을 사랑하는 것을 '내리사랑', 반대로 자식이 부모를 사랑하는 것을 '치사랑'이라고 해. '내리'는 아래로 내려간다는 뜻이고, '치'는 위로 올라간다는 뜻이거든.

　'내리사랑은 있어도 치사랑은 없다.'는 속담 들어 봤니? 자식이 효도하는 마음보다 부모가 자식을 보살피고 걱정하는 마음이 훨씬 크다는 뜻이야.

　이렇게 부모의 깊은 사랑을 깨닫는다면 그 사람은 '올곧은' 사람이라고 할 수 있어. '올곧다'는 또 무슨 말이냐고? '올이 곧다.'는 말이 한 낱말로 된 건데, '마음이 바르고 곧다.'는 뜻이야. '올바르다'와 비슷한 말이지.

　'시래기'는 또 어떠니. 시들어 버린 무청이나 배춧잎을 버리지 않고 말린 걸 말하는데, 음식을 만들어 먹으면 별미지. 비타민 씨가 많고 건강에도 아주 좋단다.

시래기 이야기가 나왔으니 말인데, 시래기처럼 값어치 없는 데서 오히려 새롭고 귀중한 가치를 끌어내는 것이 우리 문화의 본디 모습이기도 해.

　우리말도 마찬가지야. 사라져 가는 우리말에는 알면 알수록 참맛이 나는 낱말이 아주 많단다. 이런 말들을 많이 배울수록 생각도 깊어지고 표현력도 풍부해지지. 물론 말하기, 글쓰기도 잘하게 되고. 정말이지 이 말들이야말로 아름답게 빛나는 우리의 보물이야. 그럼 우리는? 보물섬을 찾아 떠나는 모험가지, 뭐.

뒷마당

나를 나답게
지키고
가꾸는 말

세상 모든 나라는 모두 자기 나라 말을 쓸까? 꼭 그런 것은 아니야. 다른 나라 말을 쓰고 있는 나라가 적지 않아. 이를테면 오스트리아는 독일어를 쓰고 있어. 미국, 오스트레일리아는 영어를 쓰고 있고. 캐나다 동부 지역은 영어와 프랑스 어를 함께 쓰고, 스위스는 프랑스 어와 독일어를 함께 써. 이들은 오래전에 같은 언어를 썼지만 서로 다른 나라를 만들다 보니 말도 달라졌지.

자신들의 말을 잃어버린 민족도 많단다. 남아메리카의 여러 원주민들은 자기 조상이 사용하던 말을 깡그리 잃어버리고 에스파냐 어를 사용하고 있어. 이런 예는 정말 너무도 많아. 아프리카 대륙에도 영어와 프랑스 어를 사용하는 나라가 적지 않아. 자기 나라 말은 아주 잃어버린 채 말이야.

남의 이야기만도 아니지. 우리나라도 한때 일본에게 나라를 빼앗겨 하마터면 우리말을 잃어버릴 뻔했으니까 말이야.

이 책을 읽어 보았으니 이제 우리말이 어떤 특징을 지녔는지, 얼마나 소중하고 아름다운지 알았을 거야. 우리말 속에는 오래고 오랜 동안 이 땅에 살아온 우리 조상들의 얼과 지혜가 스며 있어.
　'다리'니 '허리'니 하는 몸의 부분을 가리키는 말에서 한국어가 얼마나 가지런하게 정돈되어 있는지 알아보았지. 급할 때 외치는 '사람 살려.'라는 외마디 소리에는 인간을 중히 여기는 깊은 마음이 담겨 있다는 걸 살펴보았어. 그리고 우리말에는 '된 사람', '못된 사람' 같은 '사람다움'에 대한 깊은 생각이 어려 있다는 사실도 알았지. '철들었다'에 스며 있는 자연과 시간에 대한 우리 조상들의 철학의 깊이는 또 어떻고.
　여기에서 내가 우리말에 대해 이야기한 건 사실 빙산의 일각에 불과해. 우리말의 아름다움을 이제 어렴풋이나마 알았을 테니, 앞으로 너희들이 이 글에서 못 다한 우리말의 보배를 찾고 또 키워 보렴.

책 속의 책

우리말 생각 사전

상상력을 키우는 우리말 유래 이야기

우리는 숨을 쉬고 밥을 먹고 잠을 자듯 말을 해.
말 속에 담긴 뜻도 모르고 무심코 습관적으로 쓰는 말들도 많지.
그러다 보니 원래 뜻과 다르게 잘못 쓰는 말들도 많아.
여기 우리말 생각 사전은 어떤 말이 어떤 배경에서 생겨나
어떤 역사를 통해 지금과 같은 뜻으로 쓰이게 되었는지 알려 줄 거야.
또, 말에 담긴 옛사람들의 놀라운 상상력과 생각도 보여 줄 거야.
자, 이제 우리말을 가꾸고 키워 가는 건 네 몫이란다!

가시나   꽃처럼 아름다운 여인이여!

'가시나'는 계집아이를 일컫는 경상도 사투리야. 오늘날에는 '계집'이란 단어처럼 여자를 낮추어 부르는 말로 쓰이지. 하지만 처음 이 말이 만들어졌을 때는 그렇게 쓰이지 않았단다.

'가시'는 꽃을 뜻하는 옛말이야. '나'는 무리를 뜻하는 말로 쓰였을 거라 추정하고. 풀이하자면 '꽃무리'라는 뜻이지.

옛날 신라 시대에는 화랑 제도라는 게 있었어. 청소년기의 남자들을 가려 뽑아 무예와 예절을 가르쳐 인재로 키워 내는 제도였는데, 이 제도가 처음 시작될 때는 남자가 아닌 젊은 여자들로 구성되었다고 해. 그들을 가리켜 '가시나'라고 불렀어. 젊고 예쁜데다 무예나 예절 같은 남다른 교양도 갖췄으니 꽃무리에 비유했던 거지.

이렇게 여자의 아름다움을 우러르는 마음으로 만들어졌던 '가시나'라는 단어가 세월이 흐르면서 여자를 낮추어 부르는 말로 바뀌었다니. 왜 그렇게 된 걸까? 본문에 나온 것처럼 우리말이 한자말 '여자'에 밀려 본디 뜻을 잃어버린 거야. 우리말보다 한자말을 써야 더 고상하다고 여겼던 안 좋은 생각이 낳은 결과물이지.

우리말 중에는 이렇게 한자말에 가려 본래의 뜻을 잃거나, 상스러운 말로 전락해 버린 말들이 있단다. 지금이라도 우리는 그 참뜻을 알아 그 말들이 있던 본래의 자리를 찾아 줘야 할 거야.

터무니없다

여긴 어떤 집이 있던 자린지 전혀 알 수 없는걸.

우리 주변에는 허풍선이가 제법 있어. 아마 네 친구들 가운데도 말도 안 되는 소리를 자랑스레 늘어놓는 아이가 있을걸. 그 친구가 앞뒤가 안 맞는 이야기로 뻥칠 때면 너는 아마 "에이, 그런 터무니없는 소리 좀 하지 마!" 하고 타박을 놓곤 할 거야.

여기에서 이 '터무니'라는 말은 과연 어떤 뜻일까? 이 단어를 한번 찬찬히 뜯어보렴. 그래, '터무니'는 '터'와 '무늬'가 합쳐진 말이야. 여기에서 '터'는 건물이 들어선 자리를 뜻해. 집이나 성이 있던 자리에는 건물이 사라지더라도 흔적이 남게 마련이지. 주춧돌을 놓았다거나 기둥을 세웠던 자리 같은 데 말이야. 여기서 '무늬'란 그런 흔적들을 가리키는 말이란다.

사람들은 그 터의 무늬를 보고 '아, 여긴 어떻게 생긴 얼마만 한 건물이 있었겠구나.' 하고 짐작할 수 있지. 그런데 그 터에 무늬가 하나도 없으면 어떨까? 아무것도 짐작할 수 없으니, 누군가 그 자리에 건물이 있었다고 우겨도 아무도 안 믿겠지. 그래서 아무런 근거도 없이 내뱉는 말이나 행동을 보고 우린 '터무니없다'라고 하게 된 거야.

너희들이 습관적으로 쓰는 말들을 잘 살펴보렴. 이렇게 찬찬히 뜯어보면 그 의미를 잘 되새길 수 있을뿐더러, 그 말의 의미에 "아하!" 하고 감탄하게 될 거야. 어떤 말에도 그 말을 만들 당시 사람들의 생각이나 느낌이 들어 있기 마련이지. 그 생각들은 정말 창의적이고 재치가 있어서 우리를 깜짝 놀라게 만들고는 해.

시치미 떼다

대체 내 사냥매는 어디로 간 걸까?

너 혹시 시치미 떼 본 적 있니? 동생이 숨겨 놓은 과자를 찾아 먹고는, "누가 내 과자 먹었어?" 하고 동생이 물었을 때 모른 척한 적이 있을걸. 이처럼 하고도 안 한 척, 알고도 모르는 척하는 걸 '시치미 떼다'고 하지.

'시치미 떼다'란 말이 어떻게 만들어졌는지 알려면 멀리 고려 시대까지 거슬러 올라가야 해. 13세기 중반 무렵 고려는 몽골 제국의 영향을 많이 받고 있었어. 이때 우린 몽골의 문화도 많이 받아들였는데 그 가운데 하나가 바로 매사냥이었지. 매사냥은 길들인 매를 이용해서 짐승들을 사냥하는 것을 말해. 매를 구해서 사냥매로 길들이는 일은 무척 힘들었어. 따라서 매사냥은 왕족과 신분이 높은 귀족들만 즐길 수 있었지.

그런데 매사냥이 인기가 치솟다 보니 사냥매가 사라지는 일이 종종 일어났어. 훌륭한 사냥매는 아주 비싼 값에 거래되었으니 누군가 훔쳐 갔을 가능성이 높지. 귀족들은 자기 매를 훔쳐 가지 못하게 이름표를 달았단다. 이 이름표가 바로 '시치미'야. 시치미를 붙인 뒤로 도둑이 사라졌을까? 그럴 리가. 매를 훔쳐서 시치미를 떼어 버리면 누구 매인지 알 수 없잖아. 바로 여기에서 '시치미를 떼다'라는 말이 나왔어.

시치미를 떼면 그 매가 누구의 매인지 정말 아무도 모르지. 하지만 시치미를 떼는 건 결국 자기를 속이는 일이야. 마음이 편해지려면 다시 시치미를 붙여서 주인에게 돌려주는 수밖에 없어. 자, 그러니 너도 이제 동생에게 그 과자를 네가 먹었다고 고백하는 게 어때?

돌팔이

양심은 팔지 말아 주세요!

아는 것이나 실력, 혹은 자격이 부족해서 한곳에 터를 잡지 못하고 이리저리 떠돌아다니며 자신의 기술이나 물건을 파는 사람을 '돌팔이'라고 불러. 병원이나 전문 기관이 많이 생겨 난 지금에도 사람들의 눈과 귀를 속이는 '돌팔이'들이 나타나 종종 사람들이 피해를 입고는 한단다.

'돌팔이'라는 말이 만들어진 유래에 대해서는 여러 가지 설이 있어. '돌아다니면서 판다'는 뜻에서 생겨났다는 말도 있고, 실력은 없으면서 돈벌이에만 관심이 있는 글방을 가리켜 '돈팔이 글방'이라고 했는데, 이게 '돌팔이'가 되었다는 말도 있어.

더 거슬러 올라가 볼까? 우리나라에는 아주 오래전부터 '돌바리'라는 무당이 있었단다. 여기에서 '바리'는 바리데기 공주를 가리키는 말이야. 바리데기 공주는 아버지의 병을 고칠 약을 구하기 위해 저승 세계와 신선 세계를 드나들잖아. 그래서 바리데기를 섬기는 무당이 많았어. 이 무당들은 바리데기처럼 여기저기를 떠돌아다니면서 아픈 사람을 치료하거나 굿판을 벌였단다.

하지만 돌바리 무당이 병을 온전히 치료할 리 없지. 잘못된 치료로 오히려 사람들의 병을 키우는 경우도 많았어. 이때부터 사람들은 이곳저곳 떠돌아다니며 변변찮은 의술을 펼치는 이들을 '돌바리', '돌무당'이라고 불렀고, 이것이 입에서 입으로 전해지면서 '돌팔이'가 되었다는 거야.

이런 돌팔이들은 자신의 엉터리 지식이나 기술만 파는 게 아니라, 자기 양심도 같이 파는 사람들이야. 억울하게 피해 보는 사람들이 없는 사회를 만들기 위해서라도 '돌팔이'들이 빨리 사라져야 할 거야.

바가지 긁다

그만! 좋은 소리도 자꾸 들으면 귀 아파요.

아빠가 술 마시고 늦게 들어오거나, 주말에 소파에 누워 텔레비전만 보고 있으면 엄마가 잔소리를 막 늘어놓잖아. 그러면 아빠는 "어휴, 바가지 좀 작작 긁어!" 하면서 손사래를 치지. '바가지 긁다'는 주로 아내가 남편에게 듣기 싫도록 잔소리를 늘어놓을 때 쓰는 말이야.

그런데 왜 하필 시끄럽게 잔소리하는 걸 보고 '바가지를 긁는다'고 했을까? 옛날 사람들은 전염병이 왜 생겨나는지 몰랐어. 그저 나쁜 귀신이 사람을 괴롭히는 거라고 여겼지. 사람들은 이 전염병 귀신이 시끄러운 소리를 싫어한다고 믿었어. 그래서 전염병이 돌면 바가지를 박박 긁어서 귀신을 쫓아내려고 했지.

더 큰 소리를 내는 도구도 있었을 텐데 왜 하필 바가지를 긁었을까? 옛날 사람들은 바가지를 만드는 박이 복을 가져다준다고 믿었기 때문이야. '흥부 놀부 이야기'에서도 흥부가 박을 켰더니 그 안에서 큰 재물이 쏟아져 나오잖아.

물론 바가지를 긁는다고 전염병이 사라질 리 없어. 하지만 무서운 병 앞에서는 어떤 것에라도 기대고 싶은 게 사람 마음이지. 이처럼 바가지를 긁는 행동에는 나쁜 기운을 물리치고 잘못된 것을 바로잡으려는 옛날 사람들의 간절한 마음이 담겨 있어.

아빠에게 바가지를 긁는 엄마의 마음도 크게 다르지 않을지 몰라.

박이 치러여~

꺼벙하다 새끼 꿩은 억울해.

예전에 '꺼벙이'라는 만화 주인공이 한참 인기를 끌었어. 만화 속 꺼벙이는 어수룩하고 엉뚱한 행동으로 주변 사람들을 뒤로 나자빠지게 했지. 덕분에 행동이 굼뜨고 느릿한 사람은 죄다 '꺼벙이'라는 별명으로 불렸단다.

'꺼벙이'란 말은 '꿩'과 '병아리'가 합쳐진 '꺼병이'란 말이 변한 거야. '꺼병이'가 꿩의 어린 새끼를 뜻하는 말이라는 걸 금세 알겠지? 그런데 사람들은 왜 새끼 꿩을 어수룩하게 행동하는 사람에 비유했을까?

예로부터 꿩은 미련하기로 소문이 났어. 사냥꾼에게 쫓기다가 아주 다급해지면 덤불 속에다 머리를 처박곤 했다는 거야. 마치 자기 눈앞이 어두컴컴해서 아무것도 보이지 않으면 상대방도 자기가 안 보일 거라고 생각하듯 말이야. 게다가 새끼 꿩은 털이 듬성듬성 나서 아주 못생겼단다. 그러니 '꺼벙이'가 못나고 행동도 굼뜬 것을 뜻하는 말이 된 거지.

하지만 꿩은 사람들 말처럼 동작이 굼뜨거나 미련하지 않아. 꿩은 땅과 하늘에서 아주 재빠르게 움직인단다. 또 주변 환경을 이용해 자기 모습을 감추는 데 뛰어나지. 특히 천적인 매와 독수리가 나타나면 보호색으로 위장하고 덤불 속에서 꼼짝하지 않는다고 해.

사람들은 아마도 이런 모습을 보고 꿩이 미련하다고 짐작한 것 같아. 새끼 꿩이 사람 말을 알아들었더라면 억울하다고 눈물을 흘렸을걸.

미역국 먹다

아, 나 미끄러졌어!

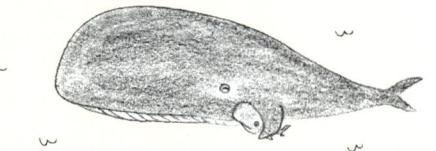

예로부터 동해에는 고래가 많이 살아서 고래 바다라고 부를 정도였어. 이와 관련해서 재미있는 이야기가 하나 있어. 고구려 시대 사람들은 고래의 이상한 버릇을 발견했지. 고래가 새끼를 낳은 뒤에 꼭 미역을 먹더라는 거야. 이때부터 사람들도 아기를 낳은 뒤에는 미역국을 먹게 되었대.

그 많던 고래는 다 어디로 간 걸까? 19세기 들어 조선은 나라를 지킬 힘을 잃어버렸어. 그 틈을 타 주변의 힘센 나라들이 온갖 자원을 막무가내로 빼앗아 갔지. 고래도 그들이 탐내던 자원 가운데 하나였어. 동해에는 러시아와 일본, 멀리 미국에서 건너온 고래잡이배 수백 척이 쉼 없이 고래를 잡아들였지. 결국 고래도 조선과 함께 최후를 맞아야 했단다.

이 슬픈 운명을 상징적으로 보여 주는 말이 있어. 바로 '미역국 먹다.'야. 1907년에 일본은 조선 군대를 강제로 해산시켰단다. 이 '해산(解散)'은 아기를 낳는다는 뜻의 한자말 '해산(解産)'과 소리가 같아. 앞서 말했듯이 우리나라에서는 아기를 낳고 난 뒤에 미역국을 먹잖아. 그래서 조선 군인들은 나라도 잃고 일자리도 잃은 스스로를 비웃으며 "미역국 먹었다."고 했대.

시험에서 떨어지거나, 직장 승진에서 밀렸거나, 좋아하는 사람에게 퇴짜를 맞았을 때 우리는 '미역국 먹었다'고 하지. 무언가를 간절히 바랐던 사람일수록 씁쓸하고 서글픈 감정은 더 클 거야. 이 말이 만들어졌을 당시 해산 당한 조선 군인들은 대부분 독립군이 되었단다. 그 마음을 헤아려 보며 힘을 내렴!

노다지 만지지 마! 우리 거야!

'노다지'라는 말 들어 봤니? 금을 비롯한 값나가는 광물을 노다지라고 해. 또 손쉽게 많은 이익을 낼 수 있는 일감을 가리키는 말로도 쓰인단다. 노다지라는 말은 어떻게 생겨났을까?

1884년 어느 날 의사이자 선교사인 알렌이라는 미국 사람이 조선에 들어왔어. 당시에는 일본, 러시아, 중국, 미국 같은 나라가 조선 땅을 차지하겠다고 다툼을 벌이고 있었단다. 그 와중에 알렌은 뛰어난 의술을 인정받아 궁궐에 자유롭게 드나들었다고 해. 알렌은 사업 수완도 뛰어났어. 그래서 명성황후에게 평안북도 운산의 금광을 채굴하는 권리를 얻어 내서는 미국 사업가 헌트에게 큰돈을 받고 팔았지.

헌트는 1903년부터 금광을 채굴하기 시작했어. 물론 직접 굴속에 들어가 일하는 건 모두 조선 사람들이었지. 아니나 다를까, 얼마 지나지 않아 금광에서는 금이 쏟아져 나왔어. 그러자 헌트는 조선 사람들이 혹시라도 금을 가져갈까 봐 틈만 나면 "노우 터치! No touch!" 하고 소리쳤대. 그게 조선 사람들 귀에는 '노다지!'라고 들린 거야. 이때부터 우리나라에서도 금을 노다지라고 부르게 되었어.

알렌과 헌트는 자기 힘을 들이지 않고 많은 이익을 얻으려고 했으니, 노다지의 두 번째 뜻에 딱 맞아떨어지네. 어디 알렌과 헌트뿐이겠니. 당시 조선을 집어삼키려고 날뛰던 여러 나라들도 노다지를 캐려는 못된 심보를 가지고 있었지.

우리말에는 이렇게 슬픈 역사가 아로새겨진 말들이 있단다. 한번 크게 외쳐 볼래? "우리 노다지는 이제 노 터치요!"라고 말이야.

누리꾼
새로운 세상을 마음껏 누려라.

오늘도 컴퓨터를 켜고 인터넷에 들어가 보았겠지? 인터넷 시대가 열리면서 우리는 책상머리에 앉아서도 마음먹은 곳이라면 어디든 갈 수 있어. 지구 반대편 아이와 친구가 될 수도 있고, 인공위성에서 찍어 보낸 사진을 실시간으로 볼 수도 있지.

하지만 이 새롭고 자유로운 세상에도 나름대로 질서가 있어. 다른 사람들이 애써 쌓은 지식과 정보를 허락 없이 사용해서는 안 되겠지. 그건 남의 재산을 훔치는 거나 마찬가지잖아. 또 자기 혼자 즐기자고 다른 사람들을 불편하게 하거나 상처를 주어서도 안 돼. 진정한 누리꾼이라면 다른 누리꾼들을 위해 이 정도 배려는 지켜야겠지.

어, 방금 '누리꾼'이라는 말을 썼네. '누리꾼'이라는 말을 너희들도 많이 들어 봤지? '누리'는 세상을 뜻하는 옛말이고, '꾼'은 '어떤 일을 전문적으로 혹은 습관적으로 하는 사람'을 뜻하는 말이야. 그러니까 누리꾼은 '세상을 즐기는 사람' 쯤으로 풀이할 수 있겠네.

누리꾼과 같은 말로는 '네티즌 Netizen'이 있어. '인터넷 Internet'과 시민을 뜻하는 말 '시티즌 Citizen'을 합친 말이지. 인터넷이라는 새로운 세상이 열리면서 그에 걸맞은 말들도 같이 생겨났는데, 네티즌은 그 단어들 가운데 하나야. '누리꾼'은 '네티즌'을 대체할 만한 순수 토박이말을 찾는 과정에서 많은 사람의 참여로 만든 말이지.

'누리꾼'이 표준어로 등록된 건 2004년이야. '누리꾼'들이 자주 쓰는 '댓글'도 같은 날 태어난 우리말이란다.

이렇듯 세상이 변하고 새로운 문화나 물건이 생겨나면 새로운 말들도 함께 태어난단다. 그런 말을 '신조어'라고 하는데, 특히 인터넷 덕분에 엄청난 신조어들이 생겨나고 있어. 그중에는 유행 따라 사라지는 말도 있고, '누리꾼'처럼 표준어로 채택되어 살아남는 말들도 있어. 앞으로도 '누리꾼'처럼 우리말의 아름다움과 그 특성을 잘 살려 만든 신조어들이 나와, 우리 말과 생각을 더 풍성하고 값지게 만들어 나갔으면 좋겠구나.

나의 꿈, 나의 생각에 날개를 달아 주는
이어령의 춤추는 생각 학교 시리즈를 소개합니다.

**대한민국 국보급 지성
이어령이 쓴
어린이를 위한
창의력 교과서**

이 시리즈는 지난 50여 년 간 '이 시대 최고의 지성인'이라 불리며 150여 권의 저서를 남긴 이어령 선생님이 쓴 유일한 어린이 책입니다. 이어령 선생님은 빠르게 변하는 정보화 사회에서 어린이들에게 가장 필요한 것은 '가슴으로 생각하고, 머리로 느끼는 유연하고 창조적인 사고'라고 이야기합니다. 이 책에서는 창의적인 생각을 키우는 이어령 선생님만의 특별한 생각 연습법들을 어린이 눈높이에 맞춰 풀었습니다.

**개념 정리에서
응용 방법까지……
생각의 모든 것을 담았다!**

이 시리즈는 우리 어린이들이 일상생활에서 쉽게 생각의 힘을 키워 나갈 수 있도록 그 방법들을 체계적으로 구성하였습니다. 일곱 가지 생각 도구들을 이야기하는 1권 《생각 깨우기》와 여덟 가지 생각 원칙을 이야기한 2권 《생각을 달리자》를 비롯해, 우리말로 생각하기, 한국인으로 생각하기, 발명·발견으로 생각하기, 환경 보고 생각하기 등 전 10권으로 되어 있습니다. 학교와 집에서 보고 배우는 모든 것들에서 생각을 발견하고, 키우고, 응용하고, 새로운 생각으로 발전시킬 수 있는 방법들을 담았습니다.

**생각 학교에서 놀다 보면
창의적인 생각이 자란다!
생각이 즐거워진다!**

이 시리즈는 쉽고 재미있는 이야기로 쓰여 있습니다. 흥미진진하게 전개되는 맛깔난 이야기들을 따라가다 보면 '아, 생각은 이렇게 하는 거구나!' 하고 저절로 깨닫게 됩니다. 또한 각 이야기마다 지식 하나에서 여러 가지 의미를 발견하고, 이를 섞고 버무리며 다양한 관점에서 생각해 볼 수 있게 하고 있어, 책을 읽다 보면 생각이 꼬리에 꼬리를 물고 뻗어 나가는 놀라운 경험을 할 수 있을 것입니다.

**다양한 분야의 지식과
정보를 넘나드는
통합 교양 상식 백서**

이 시리즈에는 방대한 지식과 교양이 담겨 있습니다. 엉뚱한 호기심, 작은 생각 하나로 세상을 변화시키고 인류의 삶을 풍요롭게 만든 인물들의 이야기, 그리고 동·서양의 문화 속에 녹아 있는 다양한 생각과 정서까지…… 옛이야기와 신화, 그리고 역사, 인물, 예술, 과학 이야기를 넘나들며 다양한 교양과 지식을 맛볼 수 있게 했습니다.

**생각의 힘을 더하는
철학적인 그림!**

이 책의 그림들은 책 내용을 상징적이고 추상적으로 표현해 내며 아이들의 상상력을 자극합니다. 그림 속 숨은 의미들을 생각하며 읽어 나가는 사이 아이들의 사고력은 한 뼘 더 자라날 것입니다.

**내 생각이 근질근질해지는
책 속의 책 '생각 사전'**

부록 '책 속의 책_나의 작은 생각 사전'에는 책의 내용에서 한 발 더 나아가 책 속에서 얻은 지식들을 '내 것'으로 만들 수 있도록, 보다 구체적인 실례들을 담았습니다. 부모님들과 아이들이 함께 만들어 가는 장으로, 이 책을 읽는 어린이들이 아는 것에 그치지 않고 매일매일 생각하는 습관을 만들어 나갈 수 있게 도울 것입니다.